AF409070

Alberto Campo Baeza

PRINCIPIA ARCHITECTONICA

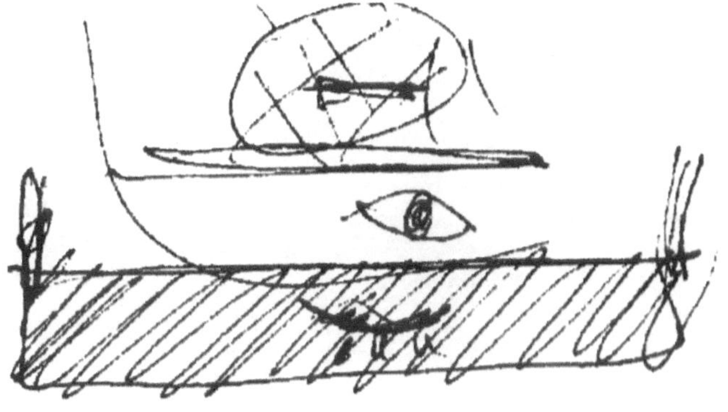

diseño

Campo Baeza, Alberto
    Principia architectonica. - 4ta ed. - Buenos Aires : Diseño, 2013.
    136 p. : il. ; 21x15 cm.

    ISBN 978-987-29499-5-2

    1. Arquitectura. 2. Estructuras. I. Título
    CDD 720

Textos de Arquitectura y Diseño

Director de la Colección:
Marcelo Camerlo, Arquitecto

Diseño de Tapa:
Liliana Foguelman

Diseño gráfico:
Estudio Campo Baeza

Foto de tapa:
Alberto Campo Baeza con Wang Shu, Jesús Aparicio y María Hurtado de Mendoza

Hecho el depósito que marca la ley 11.723

ISBN: 978-987-29499-5-2

Diciembre de 2013

ÍNDICE

Ojalá pudiera como Cervantes decir aquello de *"Desocupado lector, sin juramento me podrás creer que quisiera que este libro, como hijo del entendimiento, fuera el más hermoso, el más gallardo y más discreto que pudiera imaginarse."* Ni puedo pretender ni lo pretendo. Pero sí me gustaría que estos textos sirvieran al lector para su reflexión y su disfrute.

Los escritos que aquí se recogen son fruto de un tiempo de maduración a lo largo de estos últimos años. Algunas de las ideas que aquí aparecen se han plasmado parcialmente en otros textos ya publicados, y han tenido su última redacción y se "afinaron" en el Curso Académico 2010-2011 en Avery Library de Columbia University en Nueva York. La Universidad Politécnica de Madrid, y más en concreto su Rector Javier Uceda y su Vicerrector Emilio Mínguez, me concedió un año sabático para desarrollar este trabajo en Columbia University con el apoyo de Mark Wigley como Dean y Kenneth Frampton como Ware Professor. Debo agradecer expresamente a Kenneth Frampton su muy especial ayuda. También quiero agradecer a Jesús Aparicio, Catedrático de la ETSAM, sus generosas y acertadas sugerencias. Y las precisas correcciones de Felipe Samarán y de Ignacio Aguirre. Y estos escritos se han seguido afinando después con la naturalidad con que sólo es posible hacerlo con el Word Perfect, que, aunque solo fuera por esto, se debe calificar como perfect.

Aunque los temas tratados son diversos he querido poner más énfasis en los que hacen relación directa a las obras que he proyectado y construido. De hecho todos estos temas, lógicamente, tienen relación con mis obras, lo que se traduce en lo que como adenda aparece al final de cada texto. Estoy convencido de que no es posible una Arquitectura que no tenga su origen en las ideas, en el pensamiento, en la razón. Pero tampoco creo en una Arquitectura que no tenga la voluntad de ser construida, que no tenga como fin la obra construida.

Y así, en LA ARQUITECTURA COMO POESÍA, que trata sobre la precisión, intento mostrar mi posición general ante la Arquitectura, defendiendo una Arquitectura esencial, como esencial es la poesía.

En PERFORANDO LAS NUBES hablo de la luz y de la novedad de atravesar el espacio traslúcido con la luz sólida. En PLANO HORIZONTAL PLANO escribo sobre la importancia fundamental del plano horizontal, entendido como límite entre lo tectónico y lo estereotómico. En LA PIEDRA ANGULAR trato de la esquina y de la importancia de los materiales y su construcción; de la piedra, y de la piedra angular. En DE ELEFANTES Y PÁJAROS analizo cómo las estructuras en la actualidad, tienden a ser más ligeras. El uso de la memoria en la Arquitectura se desarrolla en MNEMOSINE VS MIMESIS. En ARQUITECTURA COMO ARTEFACTO doy razones para entender adecuadamente la relación de la Arquitectura con la naturaleza. Y en LA SUSPENSIÓN DEL TIEMPO intento dar las claves para entender la inefable suspensión del tiempo que se produce en la creación arquitectónica. Se cierran estos escritos con un diálogo con Kenneth Frampton donde se habla de la intensidad en la Arquitectura.

Escribe Ortega con su proverbial claridad al comienzo de su conferencia en Darmstadt : *"Sólo se puede hablar del hombre y de la vida si se habla desde dentro. Si queremos hablar en serio del hombre, sólo puede hacerse desde dentro, desde dentro propio, y por tanto, sólo se puede hablar de sí mismo."* Pues así el tono, muchas veces personal, de estos escritos míos de Columbia. Si estos pensamientos son la razón de mi arquitectura, no puedo "esconderme" a la hora de desplegarlos. Aunque algunos amigos me reclamen una mayor asepsia. Nunca la creación artística fue aséptica.

Y Cervantes en el antes citado prólogo del Quijote nos dice: *"Acontece tener un padre un hijo feo y sin gracia alguna, y el amor que le tiene le pone una venda en los ojos para que no vea sus faltas, antes las juzga por discreciones y lindezas y las cuenta a sus amigos por agudezas y donaires."*

Casi todos son temas que han nacido al hilo de mi obra construida. Y de algunos proyectos que nunca llegaron a ver la luz. Y también de las clases impartidas a lo largo de estos años en mi Escuela de Arquitectura de Madrid, la ETSAM, y en tantas otras Escuelas a lo largo del mundo. Mis obras, mis proyectos y mis clases se han desarrollado al calor de estas ideas.

La decisión de poner las notas con sólo referencias a la red mediante QR codes[1] quiere ser respuesta adecuada a los medios tecnológicos al alcance de todos en estos nuevos tiempos.

Alberto Campo Baeza

Universidad de Columbia

Nueva York, 2011

NOTA A LA 4° EDICIÓN EN CASTELLANO

Tras las dos primeras ediciones de estos textos en castellano, sale a la luz esta tercera edición revisada y aumentada en la que las notas se hacen en forma de *QR codes*, como ya se hizo en la edición en inglés.

Me gustaría que en un futuro próximo estos textos, que ya sirvieron de base para un curso de Master en la ETSAM en 2011, se editaran como clases en vídeo, y que las ideas aquí contenidas lleguen aún más lejos.

Alberto Campo Baeza

ETSAM UPM

Madrid, mayo 2013.

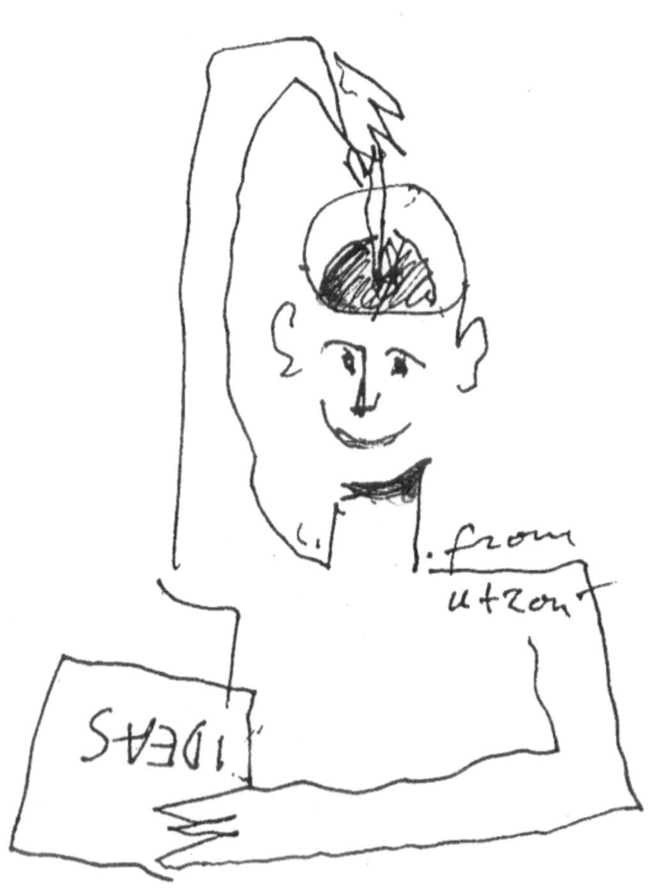
from
utzon
IDEAS

"Será conveniente distinguir allí entre lo absoluto y lo relativo, lo verdadero y lo aparente, lo matemático y lo vulgar". Isaac Newton, 1687.

Esta cita pertenece a los *Principia Mathematica*[1] de Isaac Newton, de donde tomamos prestado el nombre. Newton reclama la capacidad de discernimiento para la labor matemática. El mismo discernimiento que nosotros exigimos para la creación arquitectónica.

Cuando se ven las cosas con la calma y la serenidad que provee el tiempo cumplido, los arquitectos que también somos profesores sentimos la obligación de transmitir a nuestros alumnos lo más esencial de nuestras ideas. Como si de destilar lo más importante de nuestra vida se tratara.

Muchas de las ideas aquí resumidas están expuestas en los textos que he publicado a lo largo de estos años. Una primera colección de estos escritos en castellano, bajo el título *La Idea Construida*, ha superado ya más de 20 ediciones. Y una segunda recopilación de textos, titulada *Pensar con las manos*, ya va por la quinta. Y ambas han sido traducidas y editadas en inglés, francés, portugués y japonés, y ahora en italiano y en chino. Quisiera ahora, aquí, con esta nueva colección de textos, intentar destilar todo aquello para poder comunicarlo todavía mejor.

Cuando en el caudaloso río de la Arquitectura se decide estar en la orilla del silencio y de la reflexión, lejos de la avalancha mediática del *star system*, del ruido y de la superficialidad, y más cerca de la búsqueda de la verdad de los filósofos, y también de los arquitectos, sentimos la necesidad de plasmar por escrito los principios en los que nos apoyamos, nuestros Principia. Aquello que hiciera Newton en sus *Philosophiae Naturalis Principia Mathematica*, y de quien nos hemos atrevido a tomar prestado el término latino.

El intento de estos Principia es elaborar un texto básico, resumen y síntesis de los temas clave con los que seguimos trabajando y que entendemos, cada día con más claridad, como centrales de la Arquitectura. Que no son tanto sólo descubrimientos personales, como temas esenciales de la propia Arquitectura.

Este texto tiene desde el primer momento voluntad de ser abierto, permanentemente completado, matizado, precisado y afilado. Como afilado tiene que estar el bisturí del cirujano. Pues cada vez que volvemos a releer estos textos, a estudiarlos, introducimos variaciones que quieren ser aclaraciones más y más precisas sobre lo antes escrito.

Querría usar de la mayor claridad tanto en las ideas como en las palabras capaces de traducirlas. Dando razón de lo que proyectamos y construimos los arquitectos. Porque la Arquitectura debe basarse en la razón. Aquella *adecuatio rei et intellectus* que para definir la Verdad proponían los filósofos, es en nuestro caso, los arquitectos, adecuación entre lo pensado y lo construido. Aquello que con tanta universalidad mostró Goya en su grabado *El sueño de la razón produce monstruos*,[2] es más que adecuado cuando de Arquitectura se trata. La razón en Arquitectura debe estar siempre despierta, bien despierta. Pues esto, las razones más básicas con las que la Arquitectura trabaja, es lo que querríamos que quedara recogido en estos Principia.

Algunos principios podrían parecer obvios, como el de que la luz necesita de la sombra para poder ser reconocida, o que la estructura además de transmitir las cargas a la tierra sirve para establecer el orden del espacio, lo que hemos llamado la estructura de la estructura. Y que la gravedad construye el espacio y la luz construye el tiempo.

Pasa con la Arquitectura como con la poesía. Cuando se descubre que es posible el hacer materiales, palpables, tangibles, conceptos que parecen abstractos, entonces es cuando realmente se es poeta, se es arquitecto. Con la misteriosa capacidad que tenemos los arquitectos de materializar las ideas, de construirlas. Aquello que tan bien expresaba Michael Bockemühl al hablar de Rembrandt y su pintura: *"Convierte la comprensión intelectual del cuadro en su percepción visual"*. O todavía más claro Stefan Zweig en *El misterio de la creación artística:*[3] *"Pues la máxima virtud del espíritu humano consiste en procurar hacerse comprensible a sí mismo lo que en un principio le parece incomprensible."*

LA ARQUITECTURA COMO IDEA CONSTRUIDA.

En estos Principia Architectonica sigo defendiendo la necesidad de una idea clara para poner en pie cualquier arquitectura. Hace tiempo escribí que *Arquitectura sine idea vana Arquitectura est*, tratando de aclarar cuánto una Arquitectura hecha sin una idea que la sustente es una banalidad. Como cualquier creación humana. Y también el cómo esas ideas tienen que tener la capacidad de ser construidas.

No podemos construir nada si antes no lo hemos pensado. Y no debe-ríamos pensar nada que no podamos construir. Hay que soñar, pero a la vez ser capaces de hacer realidad esos sueños. La Arquitectura tiene la misteriosa capacidad de materializar ideas. Por eso hemos repetido tantas veces que la Arquitectura es idea construida. Lo que Louis Sullivan expresaba muy bien cuando en 1901 escribía: *"No po-déis crear sin pensar, y no podéis pensar de verdad sin crear en vuestro pensamiento. Juzgad nuestra Arquitectura actual con estos criterios y os sorprenderá su pobreza de pensamiento, su falsedad de expresión, su falta de humanidad"*.[4] 

Y así como las formas pasan, se destruyen, las Ideas permanecen, son imperecederas. La Historia de la Arquitectura es una Historia de Ideas, de ideas construidas, de formas que materializan y ponen en pie esas Ideas. Pues sin Idea las formas son vacías. Sin Ideas, la Arquitectura es vana, vacía. Pura forma vacía.

LA GRAVEDAD CONSTRUYE EL ESPACIO.

También estos Principia van a partir de la gravedad como elemento constitutivo específico de la arquitectura. Los materiales con los que se construye la poesía o la música no pesan. Pero la Arquitectura se construye con materiales que pesan. Está inexorablemente sometida a las leyes de la gravedad.

Hablar de que la gravedad construye el espacio arquitectónico es in-tentar subrayar su importancia no sólo como mera transmisora de car-gas sino como algo más importante: establecer el orden del espacio. Lo repetiremos hasta la saciedad: la estructura no sólo transmite las cargas sino, sobre todo, establece el orden del espacio.

LA LUZ CONSTRUYE EL TIEMPO.

De igual manera, en estos Principia, la luz aparecerá siempre como elemento principal de la arquitectura. La luz que construye el tiempo. Sin la luz la Arquitectura no es nada. Usando términos latinos, Arquitectura sine luce, nulla Arquitectura est.

La luz natural ilumina el espacio haciendo posibles las funciones que allí se desarrollan. Pero podemos además, controlándola, tensar ese espacio convocando allí a la Belleza.

La luz, como el aire en la Música, atraviesa el espacio creado por el arquitecto para que suene. Y como si de un milagro se tratara, cuando la luz llega, suena y parece que allí se detuviera el tiempo. Algo que pareciendo inasible está a nuestro alcance y nos conmueve. Que la luz construye el tiempo es algo más que una frase acertada para un texto pedagógico. El milagro espacial de hacer tangible el tiempo detenido es una realidad a nuestro alcance.

LA CONSECUCIÓN DE LA BELLEZA

A través de estos Principia Architectonica intentaremos acercarnos al concepto de Belleza en arquitectura. Porque partiendo de las ideas de la mano de la razón, materializándolas, y construyendo el espacio con la gravedad, y el tiempo con la luz, es como podremos llegar a alcanzar la Belleza. Como bien decía Platón y recogía San Agustín la Belleza es el resplandor de la Verdad.[5]

21 octubre 2007

LA ARQUITECTURA COMO POESIA

Sobre la precisión. Por una arquitectura esencial

Quiero proponer una arquitectura esencial levantada con sólo el indispensable número de elementos. Una arquitectura precisa y certera. Una arquitectura lógica y sencilla.

Y porque quiero subrayar aquí la importancia de la precisión en la Arquitectura, me atrevo a compararla con la Poesía. ¿Podría atreverse alguien a proponer la Arquitectura como Poesía? La Poesía necesita, además de una idea generadora, unas palabras concretas, precisas, colocadas de tal manera que no sólo traduzcan bien aquella idea sino que, además, sean capaces de convocar allí a la Belleza. Pues igual la Arquitectura.

Propongo una Arquitectura que vaya al centro de las cuestiones que la propia disciplina plantea. Una Arquitectura sin adjetivos. Una Arquitectura esencial, tan esencial como la Poesía lo es a la Literatura. Poética, en el sentido más hondo del término, como debería ser toda Arquitectura.

La Poesía, no nace de un repente ni es producto de un arrebato. La Poesía es de una precisión implacable y no sólo necesita de una idea de lo que se quiere decir. Esa idea debe además ser expresada, traducida, con palabras muy exactas y colocadas de tal manera que sean capaces, una vez construido el poema, no sólo de parecer que todo allí se ha hecho con la mayor naturalidad, sino además, de remover nuestro corazón, de detener el tiempo. Eso es la poesía. Pues así debe ser la Arquitectura.

John Ruskin escribió un texto titulado *The Poetry of Architecture*[1] que, a decir verdad, poco tiene que ver, salvo el título, con lo que aquí se propone. El escrito del autor de *Las 7 lámparas de la Arquitectura* es un excurso sobre algunas de las obras de su tiempo que él creía que merecían la pena. Muy influyente en su época victoriana, el libro es una colección de artículos publicados en el London's Architectural Magazine sobre villas de arquitectos como Wordsworth. Pero no ahonda en la relación entre Poesía y Arquitectura. Aunque en *Las 7 lámparas de*

la Arquitectura,[2] Ruskin nos propone que *"la Arquitectura y la Poesía son los grandes enemigos del olvido"*, defendiendo la Memoria como terreno común de ambas.

A veces, cuando de arquitecturas más esenciales se trata, se habla de minimalismo. Y entiendo que se hace de manera equivocada. A nadie se le ocurriría tachar a la Poesía de minimalismo literario. Por el contrario, todos entienden que la Poesía es como una destilación de la Literatura misma. Los mejores escritores han escrito Poesía cuando han querido destilar sus ideas y afinar sus palabras. Así lo hicieron Shakespeare[3] y Cervantes, que son escritores bien prolíficos, pero que también, o antes, son poetas de primerísimo orden.

Cuando Shakespeare escribe sus sonetos no rebaja un ápice la calidad de los versos declamados en Hamlet por el príncipe de Dinamarca. Ni es minimalista. Ni tampoco Cervantes practica el minimalismo cuando además de escribir el Quijote nos regala con los hermosísimos sonetos de la Galatea. Ambos son escritores universales que cuando quieren ir al centro de la creación literaria se manifiestan como sublimes poetas.

La mayoría de las veces la Poesía aparece en poemas sueltos de dimensiones reducidas. Se podrían citar aquí tantos. Pues en Arquitectura sucede lo mismo. Es bueno que los arquitectos se midan también ante obras pequeñas, ante pequeños poemas arquitectónicos. No hay ningún arquitecto que merezca la pena que no haya hecho alguna obra pequeña de gran calidad. Bernini en el Baldaquino de San Pedro, Palladio en la Villa Rotonda o Mies Van der Rohe en la casa Tugendhat, son tan geniales como cuando hacen obras de mayor dimensión.

Pero también otras veces los escritores utilizan el verso para poner en pie obras de mayores dimensiones, tan hermosas como la Odisea, la Eneida o la Divina Comedia. Pero, insisto, ni Homero ni Virgilio ni Dante son mejores poetas por mor de la mayor dimensión de esas obras. Son maestros por la capacidad de convocar a la Belleza en todos y cada uno de sus versos.

Pues lo mismo en Arquitectura. No se mide la calidad de la Arquitectura por la mayor dimensión de las obras. Se mide por la capacidad de detener el tiempo en ellas, de suspenderlo, de convocar en ellas la Belleza.

Cuando establecemos este paralelismo entre Arquitectura y Poesía lo hacemos con razones que nos llevan a defender esa Arquitectura que llamamos y es esencial. Intentamos, tanto en las ideas que la sustentan como en las formas que la traducen, ir al centro de la cuestión. Arquitectura y Poesía tienen en común el logro de la Belleza a través de sólo el indispensable número de elementos con los que se construyen.

Bien apuntaba Octavio Paz, *"la poesía debe ser un poco seca para que arda bien, y de este modo iluminarnos y calentarnos"*. Pues lo mismo sucede con la Arquitectura.

He citado numerosas veces las palabras de María Zambrano cuando decía que la Poesía es *"la palabra acordada con el número"*. Qué mejor definición para la Arquitectura, que es precisamente eso: los materiales acordados con el número. Porque ambos creadores, arquitectos y poetas, deben ser precisos y certeros.

O como tan bien lo expresa Osip Mandelstam: *"En Poesía todo es medida, todo proviene de la medida y gira alrededor de ella y por ella"*. Pues también en Arquitectura las medidas, el número, son centrales.

Edgar Allan Poe, en el texto *Método de Composición*[4] en el que intenta desplegar los mecanismos usados para elaborar eficazmente la creación poética, nos describe cómo creó *El Cuervo*, el más famoso de sus poemas: *"Ningún punto de la composición puede atribuirse a la intuición ni al azar, que avanzó hacia su terminación paso a paso con la misma exactitud y lógica rigurosa propias de un problema matemático"*. No es mala manera de expresar este valor de la precisión en la creación artística.

Un arquitecto debe ser preciso. Para ello debe saber qué quiere hacer y cómo debe hacerlo. Qué quiere hacer, qué idea es capaz de responder a todos los requerimientos que la Arquitectura le plantea en cada caso y que bien resumía Vitrubio en su *Utilitas, Firmitas y Venustas*. Y cómo hacerlo, cómo materializar esa idea. Lo que requiere un conocimiento preciso de los materiales y de las técnicas capaces de ponerla en pie.

Porque la idea no es en Arquitectura, ni tampoco en Poesía, algo difuso.

Tanto la idea como los medios para construirla son enormemente precisos. Una idea no es una ocurrencia. En Arquitectura no será válida una Idea que no pueda ser construida materialmente. Por la misma razón por la que no sería válida una idea en Poesía si no pudiera ser traducida con palabras. Al igual que no será válido utilizar una tecnología inadecuada para construir aquello con lo que se ha soñado. Y así el conocimiento de nuevas técnicas hará que el arquitecto pueda concebir mejor nuevas ideas. Precisión en las ideas y precisión en su materialización.

MÉTRICA

La precisión en Poesía tiene su punto de partida en la métrica. Para que un poeta se salte las normas de la métrica es preciso que antes las conozca bien. Un poeta que conozca bien la métrica tiene gran parte del terreno ganado.

Un arquitecto tiene también su métrica capaz de hacerle saber cuándo un mecanismo arquitectónico funciona con unas medidas y unas proporciones, y no lo hace con otras. Ése fue el intento de los antiguos tratadistas, desde Vitrubio en sus diez libros *De Architectura* hasta Alberti con su *De Re Aedificatoria*. Desde Vignola con sus *Regola delle Cinque Ordini d´Architettura*, hasta Palladio y sus *Quattro Libri dell´Architettura*.

Cuando nos preguntamos qué hay de fascinante en la Casa Farnsworth de Mies Van der Rohe que la Glass House de Philip Johnson no tenga, debemos recurrir a este tipo de consideraciones relativas a la precisión de las medidas. Mies, con gran sabiduría, levanta el plano principal del suelo de la casa hasta la altura de los ojos (1,60 m) para que flote, para que el plano se convierta en una línea y casi desaparezca. Y mide bien la distancia entre los planos de suelo y techo para lograr esa horizontalidad exacta. Por el contrario, Philip Johnson deja el plano del suelo más bajo, casi a ras de tierra, y suceden menos cosas. Quizás el suelo de la Glass House debería estar completamente a ras del terreno para lograr la continuidad total de ese espacio.

El quid de la cuestión es un tema de medidas. O mejor todavía, del conocimiento del efecto de las medidas. Porque con unas medidas sucede una cosa, y con otras medidas, otra. En definitiva es una cuestión de métrica, de precisión en el sentido más poético del término.

Así, cuando San Juan de la Cruz en su *Cántico Espiritual* [5] escribe: *"y déjame muriendo un no sé qué que quedan balbuciendo"* no sólo hace que el poema llegue a la cima y nos conmueva. Cuando repite, en una aliteración sublime, ese *"qué que quedan"*, que es un balbucir real que precede al mismo verbo en gerundio, lo hace dominando las palabras con una sabiduría y precisión absolutas. La misma sabiduría y precisión de Mies Van der Rohe en la Casa Farnsworth. La misma sabiduría y precisión que se debe exigir a toda Arquitectura que merezca la pena.

VERDAD

Platón definió la Belleza como el esplendor de la Verdad. Y San Agustín volvería a repetirlo muchos años después. Y esa relación indisoluble entre Verdad y Belleza quedaría recogida en el escudo de la AA, [6] Architectural Association de Londres, la más prestigiosa Escuela de Arquitectura de Inglaterra, con el lema *"Design with Beauty, Build in Truth"*.

Si esa arquitectura esencial de la que estamos hablando utiliza pocos elementos es porque todos ellos son necesarios y son verdaderos. No sobra ni falta ninguno de ellos, y cada uno actúa con la máxima intensidad. De esa verdad procederá la belleza de esa Arquitectura.

La deseada belleza de las mejores obras de arquitectura debe ser reflejo de la empeñada verdad con la que los arquitectos deben trabajar. Tratando de que la verdad de la idea concebida y la verdad con que se materializa sean capaces de florecer en la belleza de esas obras.

Y esa belleza y esa verdad en la arquitectura vendrán siempre de la mano de la razón. Qué bien conviene a la arquitectura aquella definición aristotélico tomista de la verdad como *"Adecuatio rei et intellectus"*, la adecuación entre lo pensado y la realidad.

Recuerda Josef Pieper [7] que el concepto de *"la verdad de las cosas"* fue desterrado por Kant cuando identificó verdad con realidad. Y esto que en Filosofía es discutible y motivo de innumerables debates, en arquitectura es muy claro. Claro que toda arquitectura construida es real, tiene una presencia real evidente. Pero no significa necesariamente que sea verdadera.

Sólo cuando la arquitectura es verdadera, en su concepción, en su idea y en su materialización, puede alcanzar la Belleza. Accederá a ella una arquitectura que sea el desarrollo de una idea certera, que establezca una estructura coherente, y que esté acordada con los materiales colocados de la mano de la lógica. En definitiva, que cumpla los principios vitrubianos de la *Utilitas*, la *Firmitas* y la *Venustas*. Sólo cuando la idea, el desarrollo, la estructura y la construcción son verdaderos, se puede llegar a la Belleza. Para llegar a la *Venustas* Vitrubio exigía, con razón, el cumplimiento puntual de la *Utilitas* y de la *Firmitas*.

Gran parte de la Arquitectura que hoy vemos levantada tiene poco interés. La ocurrencia, el capricho y la superficialidad han sustituido a los principios vitrubianos y están generando una Arquitectura contemporánea que se desmorona, que se nos deshace entre las manos. Únicamente la vuelta al punto de partida, al origen, podrá seguir abriendo nuevas vías al futuro de la Arquitectura.

¡Qué bien lo expresaba Berthold Lubetkin[8] al final de su discurso en el RIBA cuando le concedieron la Royal Gold Medal en 1982!

"Goethe rechazó siempre la fácil opción de la retórica neurótica, y rehusó el compartir el entusiasmo tan de moda por lo inexplicable. Cercado por todos sus costados por la angustia, la turbulencia y las sombras espantosas, él desafió la locura de los acontecimientos y escribió una colección razonable de poemas llenos de clásica serenidad, de lógica ordenada y de clara lucidez. Y aconsejó a los pintores que empaparan sus pinceles en la razón, y a los arquitectos que siguieran las indicaciones de Winckelmann para alcanzar la grandeza de la serenidad y la nobleza de la sencillez. No me cabe la menor duda de que esta actitud humanista llena de confianza, por su calma y su racional coherencia, era por lo que Goethe deseaba que le recordaran. Y, mutatis mutandis, a mí también."

PESO

Las palabras no pesan, no están sujetas a las leyes de la gravedad a las que los materiales de la Arquitectura están sometidos inexorablemente.

Y aunque al escribir sea bueno usar sólo las palabras precisas, no cuesta nada emplear un mayor número de palabras, como tienden a hacer los escritores que llamamos barrocos. Aunque lo deseable sería, como bien prescriben W. Strunk y E. B. White en *The Elements of Style*: *"omit needless words"*, omitir las palabras innecesarias.

Pero, además en Arquitectura, utilizar mayor número de elementos de los necesarios, resulta siempre caro, costoso desde el punto de vista económico. Y un aumento de peso propio que, por mor de la gravedad, necesita transmitir mayores esfuerzos a la estructura. Con razón y sabiduría le preguntaba Fuller, ya mayor, a Foster, todavía joven *"¿Cuánto pesan sus edificios Mr. Foster?"*. [9] Un modo muy pedagógico de hablar de la precisión.

TRASCENDER

"No tengo yo noticias de deleite y satisfacción más grandes que reconocer que también le es dado al hombre crear valores imperecederos, y que eternamente quedamos unidos al Eterno mediante nuestro esfuerzo supremo en la tierra: mediante el arte."

Estas palabras de Stefan Zweig en la conferencia que con el título *El misterio de la creación artística* [10] pronunció en el año 1940 en Buenos Aires, pueden servir de colofón a este escrito. Si en él cambiáramos las palabras creación artística por Arquitectura, seguirían siendo perfectamente válidas.

Algo de lo que en *El concepto del tiempo* proponía Heidegger: comprender la historicidad. Porque eso es lo que deberían querer hacer los arquitectos: una obra esencial, poética, capaz de trascenderles, capaz de insertarse en la historia, capaz de permanecer en el tiempo.

ADENDA

En mis conferencias explico cómo para acordar el edificio del Museo de la Memoria de Granada con el edificio construido anteriormente de la Sede Central de Caja Granada, "el cubo", no he hecho más que acordar los dos podios de dichos edificios.[11] El que sus fachadas a la vía principal estén alineadas y el que la altura de cornisa de esos podios sea la misma hace que ambas resuenen. Y suelo explicar que, como ocurre en la poesía, no hago más que utilizar los mismos mecanismos de un poema cuando las palabras resuenan, cuando se acuerdan con precisión.

Y el que el edificio pantalla del Museo de la Memoria de Granada sea como una "loncha del cubo", porque tiene la misma anchura y la misma altura, hace que inmediatamente ambos edificios estén acordados.[12] Como las palabras en un poema.

Y luego sigo explicando que al hacer el segundo edificio he intentado, junto con el primero, construir la nueva ciudad. La ciudad que, como un gran poema épico, se compone de versos sueltos, de muchas edificaciones que tienen que estar acordadas. La trama romana de Manhattan es una buena estructura para encajar con libertad pero con orden los versos de ese gran poema épico.

Cuando decido materializar el proyecto de Lanzarote en hormigón visto negro, hecho con la lava volcánica como árido, intento que el edificio desaparezca fundido con el terreno de lava volcánica en el que la gran plataforma se empotra.[13] No hago más con este acuerdo que producir un buen acorde. Que, como en el verso libre en la poesía, la gran pieza aparezca como si hubiera estado siempre ahí, con el mismo artificio que se utiliza en cualquier poema, y que se nos aparezca como si siempre aquellas palabras hubieran estado así de bien acordadas.

Y utilizando el mismo tipo de artimañas poéticas, que los arquitectos llamamos mecanismos arquitectónicos, he planteado en la Casa en Zahara una gran plataforma, un gran cajón, hecho en travertino romano.[14] Por una parte el dorado travertino Flaminio se acuerda bien con la arena dorada de la playa. Como lo hacía el color negro del picón en el edificio de Lanzarote. Por otra, el travertino trae a colación la presencia romana en aquel lugar, hace tantos siglos, de la que dan fe los restos de Bolonia que están a la vuelta de la esquina.

¿No es esto, el concierto de los volúmenes en Granada, el hormigón con picón en Lanzarote y el travertino romano en Zahara, un intento de establecer un acuerdo poético capaz de convocar allí a la Belleza?

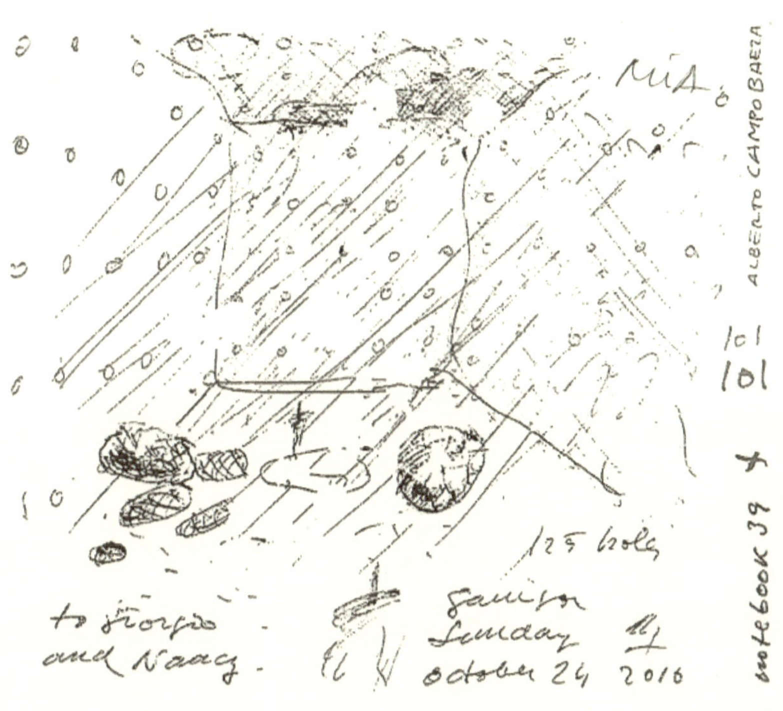

MIA
ALBERTO CAMPO BAEZA
notebook 39
101
101
125 holes
to giorgio
and Naag.
garrison
Sunday
october 24 2010

PERFORANDO LAS NUBES

Sobre la luz. De cuando la luz sólida atraviesa la luz traslúcida

Quiero, una vez más, hacer una reflexión sobre la luz en la arquitectura. Porque entiendo que se puede seguir avanzando en cómo usar la luz, investigando en nuevas posibilidades de controlar la luz de manera precisa. Si la luz es materia y material primero de la arquitectura, debe ser usada con un conocimiento preciso, quasi matemático, controlada como las estructuras a través de su cálculo exacto. En una clara labor de investigación.

Y es que la Arquitectura es una verdadera labor de investigación. Un arquitecto debe tratar de avanzar en cada proyecto, de dar un paso más en esta larga historia de la Arquitectura.

No se trata de construir formas generadas caprichosamente que produzcan el asombro de las gentes ignorantes. Y a veces también de los eruditos, que ignoran casi todo acerca de la Arquitectura.

Se trata de levantar espacios de la mano de la razón que, además, pertenezcan al tiempo en que se han construido, que den fe de su tiempo. La arquitectura siempre ha ido a caballo de las nuevas tecnologías. Por eso decimos que la arquitectura que merece la pena ha tenido siempre el carácter de verdadera investigación.

En el discurso que Xavier Zubiri, el filósofo español discípulo de Ortega, pronunció cuando recibió en 1982 el Premio Nacional de Investigación,[1] agradecía el que la sociedad española fuera capaz de reconocer que la Filosofía es también una verdadera labor de investigación. Y si cambiamos en este texto la palabra Filosofía por Arquitectura, el resultado es sorprendente, por lo parecido que es a lo que hacen los mejores arquitectos, y a lo que deberían hacer todos los arquitectos: una verdadera labor de investigación.

Lo que hicieron Palladio, Bernini y Borromini, y luego Mies Van der Rohe y Le Corbusier, fue una verdadera labor de investigación. Entendieron a fondo su tiempo y usaron la llave de la tecnología para abrir las puertas de nuevos caminos en la concepción del espacio arquitectónico.

Nunca Mies hubiera podido proponer el espacio continuo y transparente de no haber existido en su tiempo el acero y el vidrio transparente plano en grandes dimensiones capaces de traducirlo. Nadie mejor que él supo sacar todo el partido espacial a aquellos nuevos materiales que la nueva tecnología ponía a su disposición.

Y si esa investigación se refiere a las nuevas tecnologías básicamente aplicadas a los materiales y a la construcción de la arquitectura, ¿sería posible hacer esa investigación en relación al más antiguo material de la arquitectura que es la luz? Ése va a ser nuestro intento y de lo que vamos a tratar en las líneas siguientes.

LA LUZ SÓLIDA[2]

La luz es el material más lujoso con el que trabajamos los arquitectos. Y como se nos da gratuitamente a veces no lo valoramos adecuadamente. No puede haber Arquitectura sin luz, como no puede haber Música sin aire: Architectura sine luce nulla Architectura est.

La luz sólida del sol, bien dosificada a través de los huecos en el plano horizontal superior, los lucernarios abiertos en el techo, o a través de los huecos en los planos verticales, las ventanas abiertas en las paredes, tensa el espacio creado por el arquitecto. La Luz en el espacio es tan necesaria como lo es el aire en el instrumento musical.

LA LUZ TRASLÚCIDA

Y si es clara la situación de un espacio en sombra perforado por la luz sólida, no lo debería ser menos la de un espacio traslúcido perforado por esta luz sólida. Para ello intentaremos primero entender qué es el espacio simplemente traslúcido.

Cuando los góticos levantaron sus catedrales en piedra, todo su interés era subir y subir para conseguir más luz de lo alto. Su intención al hacer sus naves cada vez más altas no era sólo la búsqueda de una mayor espiritualidad en la forma de su construcción, cuanto la búsqueda de la mayor cantidad de luz a través de sus más altos vitrales. Y crearon el claristorio,[3] que era un mecanismo muy eficaz. La luz era el quid de la cuestión.

Como la transparencia del vidrio por entonces no era absoluta, podemos imaginarnos cómo al principio aquellos espacios se llenarían de una luz muy especial, traslúcida, hermosísima. Pero aquellos góticos, imbuidos de sentido pedagógico, llenaron aquellas vidrieras traslúcidas de color y de doctrina. Y aquellos espacios góticos perdieron claridad. No pensaron en que el origen de todo aquello era la búsqueda de una mayor cantidad de luz. Se olvidaron y apagaron aquellos espacios llenándolos, insisto, de color y de doctrina. Más doctrina y menos luz. Más luz espiritual y menos luz material.[4]

Sólo en contadas ocasiones aquellas naves se llenaron de luz celestial, más blanquecina, la que ahora llamamos traslúcida, y que hacía que en cierta manera se estuviera dentro de una nube, en el cielo. Con una verticalidad marcada por una estructura de piedra llevada al límite. Pero pasadas aquellas excepciones, el *horror vacui*, latente en todo ser humano, hizo que todo aquello se llenara de color y perdiera claridad.

Víctor Nieto, en su escrito *La luz símbolo y sistema visual*, defiende que no era la luz sino la construcción la principal razón por la que los góticos alzaban sus naves. Defendemos aquí sin embargo que sí es la luz el tema central del gótico. Más luz para hacer más "divinos" aquellos espacios que, a fuer de más verticales, eran más "espirituales" y lograban la tan buscada suspensión del tiempo.

Hemos llegado a leer en alguna publicación sobre la catedral de Ávila,[5] tan cercana al gótico francés, un *"¡qué lástima que las vidrieras sean anodinamente incoloras!"*, cuando es precisamente por esa falta de color y por esa pureza de su luz por lo que esta catedral es tan especialmente hermosa, con una luz traslúcida de la que aquí estamos tratando.

Pasado un tiempo vino el Barroco, donde los mejores arquitectos tomaron la luz como tema central de sus operaciones. Bernini y Borromini inventaron nuevas maneras de tratar la luz. En el invento *quasi* diabólico de Bernini con su *luce alla Bernini*[6] se escondía la procedencia del foco de luz tras las formas construidas de manera que misteriosamente aquel espacio se inundaba de luz divina. Para ello, milímetro a milímetro, controlaba con precisión matemática la operación, sus dimensiones y su orientación. Su genialidad venía de la mano de la precisión.

Muchos años después se inventa el *glass block*, con la posibilidad de levantar una pared, un muro entero, empapado de luz. Lo que ya en este siglo algunos quieren patentar, el hormigón traslúcido *in situ*, que no añade nada sustancialmente nuevo a aquel maravilloso *glass block*.

Contaba la mujer del Doctor D' Alsace, el propietario de la *Maison de Verre* en Paris, obra de Pierre Chareau,[7] que cuando la obra estaba en construcción un personaje curioso pasaba por allí todas las mañanas, con unas grandes gafas de montura gruesa de pasta negra, y con sombrero. Y curioseaba las piezas de aquel *paves verre* que por entonces era una novedad. El personaje era, nada más y nada menos, Le Corbusier. Porque la *Maison de Verre* no sólo es un manifiesto puesto en pie de la luz traslúcida, sino también por sus dimensiones y sus proporciones, uno de los espacios más hermosos de la Arquitectura Moderna. Le Corbusier usaría después el *pavés verre* en muchas de sus obras, pero quizás nunca con tanta rotundidad como lo hizo Chareau.

En la misma línea Terragni levanta en 1933 la Casa en el lago para la V Trienal de Milán,[8] cuyo Estudio para el artista tiene un espacio proporcionalmente más vertical que el de Chareau, y en cuyo gran frente de *pavés verre* tiene el contrapunto de una ventana en cinta de lado a lado, a la altura de los ojos, resuelta con vidrio transparente. Ese Estudio es una pieza maravillosa, clave en la Arquitectura de Terragni y también en la Historia de la Arquitectura Moderna. Terragni construye allí no sólo el muro de pavés sino también una amplia franja en el techo, también en pavés, que dota a ese espacio de una magia especial. Quizás es esa franja de plano horizontal en el techo lo que concede a ese espacio ese aire todavía más tenso que el de la casa de Chareau. Las largas cortinas de seda, también traslúcidas, colaboran a hacer ese espacio lumínicamente difícil de igualar.

Hay un texto de Jesús Aparicio, *La densidad de la Arquitectura de Giuseppe Terragni*,[9] donde se hace un certero análisis de esta casa: *"El interior del Estudio es un ejemplo paradigmático de los postulados de la transparencia fenomenológica. La caja se abre a la luz construyendo con vidrio translúcido uno de sus lados; además en ese plano de luz se distingue una franja horizontal construida con vidrio transparente, manteniéndose el resto del paño con sólo pavés"*.

LUZ SÓLIDA SOBRE EL ESPACIO TRASLÚCIDO

¿Sería posible que igual que los rayos del sol, la luz sólida, "rompen" la oscuridad del espacio en sombra, pudieran "tensar" también el espacio traslúcido?

Con idea de continuar ese capítulo de la historia de la Arquitectura, de avanzar un paso más en relación con el tema de la Luz, imaginamos un nuevo tipo de espacio que, aprendiendo de todos los anteriores, plantea nuevas posibilidades.

Soñamos con un espacio luminoso traslúcido, como si de una nube se tratara, atravesado por los rayos de la luz sólida del sol, de tal manera y en tal medida que ese espacio, esa operación, sea visible, palpable. Al igual que en el Panteón es posible distinguir bien entre la luz y la sombra perforada por esa luz, este nuevo espacio traslúcido estaría atravesado por la luz sólida. Lo que enunciamos con un significativo "perforando las nubes", *piercing translucency.*

ADENDA

Para poner en pie esta propuesta intentamos construirla, hacerla real, en un proyecto que ahora tenemos entre manos.

Ya en proyectos muy anteriores trabajamos con este tipo de luz. El vestíbulo del Colegio Público en San Fermín,[10] en Madrid, en 1985, es un espacio de triple altura con un gran cilindro de pavés que sólo usa de la luz traslúcida.

Y en muchos otros proyectos que sería premioso enumerar. Desde el Centro Cultural en Villaviciosa de Odón[11] de 1992 hasta la Guardería para Benetton[12] en Venecia en 2008. Siempre la luz, ya sea traslúcida ya sea sólida, como primer material de la Arquitectura.

Intentando ganar el concurso que en 2009 se convocó para hacer un espacio digno de entrada a Milán, en el Aeropuerto de Malpensa, ideamos con el arquitecto portugués Paulo H. Durao una caja mágica donde, tras llenar de luz traslúcida una gran caja radical y desnuda, la tensamos con una penetrante lluvia de luz sólida.[13]

La clave de la operación era hacer compatible la conjunción de los dos tipos de luz. Como se conjunta el sonido de los diferentes instrumentos en una composición musical. Tratando de usar sólo las cantidades precisas. Nunca nos cansaremos de insistir en la importancia de la medida, de las cantidades exactas de los ingredientes con los que se resuelve la Arquitectura. Con la misma precisión con que las palabras se colocan en un poema.

Hacer un espacio lleno de luz traslúcida atravesado, perforado por la luz sólida del sol en la cantidad precisa, ése era nuestro intento.

MUSEUM OF ITALIAN ART, GARRISON, NEW YORK[14]

Sobre la mesa de mi Estudio en Nueva York hay un proyecto en el que tengo puestas todas mis esperanzas: un pabellón para alojar la Colección de Arte Povera Italiana y los vidrios de Murano de los Olnick Spanu en Garrison. En el mismo lugar en que hice para ellos una casa, a las afueras de Nueva York. Con mi empeño y su generosidad y la ayuda eficaz del arquitecto Miguel Quismondo.

El proyecto plantea una caja de hormigón muy sobria. Con un espacio muy especial en el vestíbulo de entrada, un cubo blanco de 10x10x10 metros, con su mitad superior traslúcida.[15]

La estructura de ese cubo será delicada y blanca, con la capacidad no sólo de resistir adecuadamente a las solicitaciones de la gravedad, sino, además, de desaparecer por la fuerza de la luz tras los vidrios traslúcidos con los que se cubre tanto por dentro como por fuera. Una estructura sencilla de pilares de acero pintada de blanco, perfectamente adecuada para resolver esa figura cúbica. La distancia entre las dos pieles de vidrio traslúcido será de 1 metro, para permitir circular por su interior y controlar las instalaciones, la luz artificial, y la limpieza.

La piel exterior será de vidrio traslúcido con una carpintería capaz de responder al agua y al frío. Para el acristalamiento, un vidrio laminado de seguridad traslúcido. La piel interior será igualmente de vidrio traslúcido, colocado con mayor radicalidad. Si la piel exterior tendrá una ligera pendiente para expulsar el agua y la nieve, la piel interior será totalmente horizontal.

El suelo, plano adonde llega la luz sólida, tanto la procedente del techo como de las paredes, será totalmente blanco, de hormigón blanco, capaz de dar las máximas prestaciones pero, sobre todo, de reflejar bien la luz.

El espacio interior resultante será un espacio de luz traslúcida, como si estuviéramos dentro de una nube. Desde fuera aparecerá en la noche, encendidas las luces, como una linterna con una gran capacidad de atracción. Y de día la luz natural reflejada emanará desde el interior, de manera misteriosa, ofreciendo una visión inédita.

Pero el quid de la cuestión viene ahora. Lo que pretendemos es posible de una manera muy sencilla gracias a los nuevos materiales y las nuevas tecnologías. Hacemos perforaciones, tanto en la piel exterior como en la interior, para que el sol, la luz sólida, entre a trastocar aquel espacio inicialmente sólo traslúcido. El acierto, la precisión, en el orden y la dimensión de esas perforaciones medirá el punto de tensión de ese espacio. La coincidencia y falta de coincidencia por razón del movimiento de la luz del sol, hará patente dicho movimiento en las manchas de luz que aparecerán y desaparecerán según coincidan o no los boquetes. Muy sencillo.

Aquello que ya apareciera en algunas de las imágenes de las maquetas para Porta Milano, toma aquí un valor máximo por razón de las dimensiones menores y más controladas, y más radicales de este espacio. Con la seguridad de que una vez construido será capaz de llegarnos, a través de la cabeza, al corazón.

Quisiéramos que aquel espacio pudiera llegar a ser una nueva aportación en la construcción de la historia de la Arquitectura. Un espacio donde la luz traslúcida es perforada por la luz sólida. Creo que a Bernini, el maestro, le gustaría.

PLANO HORIZONTAL PLANO

Del plano horizontal como límite entre lo estereotómico y lo tectónico

El plano horizontal plano, la plataforma, es uno de los mecanismos básicos de la Arquitectura. Se quiere en este texto dar un paso más en el entendimiento de este Plano Horizontal Plano no sólo como un primer mecanismo de la Arquitectura, sino, cuando está en alto, como límite espacial entre lo estereotómico y lo tectónico.

En el British Museum hay un precioso grabado a punta seca de Rembrandt, *Cristo presentado ante el pueblo*,[1] realizado en 1655, en el que entre los trazos hechos por la genial mano del pintor destaca la línea horizontal central como base de su composición. El plano superior del estrado de piedra sobre el que se desarrolla la escena, un plano horizontal plano, está colocado a una altura tal con respecto al espectador que se convierte en una mera línea. Y tan perfecta es esa línea horizontal que diríase que el maestro ha utilizado una regla para hacerla. O mejor todavía, que su pulso aquí era perfecto.

Rembrandt se inspira claramente en un grabado anterior de Lucas van Leyden.[2] Sin embargo el punto de vista de Leyden es más alto, más a vista de pájaro, de manera que el plano principal se ve como tal plano, como un trapecio. Pero Rembrandt, el maestro, da una vuelta más de tuerca y, bajando un poco el punto de vista, convierte el plano horizontal en sólo una línea, demostrando su sabiduría en el manejo preciso de los mecanismos espaciales.

Es muy expresivo el doble término que se emplea en la Sagrada Escritura en el relato de esta escena. En el pasaje correspondiente se habla del *"Litostrotos, en hebreo Gabbata"*. *Litostrotos*, como su propia raíz *litos* indica, significa en griego suelo de piedra, lo que en español se llama enlosado. Y *Gabbata*, en hebreo, en arameo, significa lugar elevado, en alto. Pues ésa es la doble condición de ese podio que es un lugar elevado construido en piedra.

Claro que si Rembrandt toma prestada la imagen de Leyden, corrigiéndola por razón de la perfecta línea horizontal a la altura de los ojos, Picasso en su *Ecce Homo: el teatro de Picasso*[3] toma prestada la

forma de Rembrandt y, en su libérrima versión, conserva la línea horizontal del borde del estrado en alto, del *Gabbata*, a la exacta altura de los ojos. Y como en Rembrandt, la línea es tan horizontal que parece, o lo está, trazada con regla.

Es curioso cómo ambos genios coinciden en su perspicacia en entender, en una premonición asombrosa, la conversión del plano horizontal plano en línea cuando está a la altura de los ojos. Lo que luego utilizará Mies van der Rohe en la Casa Farnsworth[4] y más tarde repetirá en algunas obras como en el podio del Seagram sobre la Quinta Avenida: el plano se convierte en línea frente al espectador, lo que hace que la casa aparezca todavía más ligera. Que el *less is more* se haga realidad.

Pues de ese plano horizontal plano, el de Rembrandt, el de Picasso y el de Mies, es del que se trata aquí. Como límite, y ésta es la novedad, entre el mundo estereotómico y el mundo tectónico.

Es muy significativo que Jorn Utzon en su texto *Platforms and Plateaus*,[5] nada más comenzar, afirme que *"La plataforma como elemento arquitectónico tiene un atractivo fascinante. Por primera vez quedé prendado de ella en un viaje de estudios a Méjico en 1949, donde encontré muchas variantes de plataformas, de todo tamaño y condición, y donde muchas de las plataformas están aisladas sin más que la naturaleza que las rodea."* Tan es así que la plataforma, el plano horizontal en alto, fue tema central de muchas de las arquitecturas de Utzon. Tan clara es la idea del plano horizontal en la Arquitectura: una idea de ayer, de hoy y de mañana. El plano horizontal pone en relación al hombre sobre la tierra con el cielo físico, por mor de la gravedad, de la que el cuerpo humano depende, pues el hombre tiene la máxima sensación de equilibrio sobre el plano absolutamente horizontal. Y siendo ese plano límite, separación de dos mundos, también es plano donde esos dos mundos, tectónico y estereotómico se encuentran.

Kenneth Frampton en su libro *Studies in Tectonic Culture*,[6] a raíz de unos profundos y extensos comentarios sobre Utzon y su obra, analiza acertadamente la validez de la plataforma horizontal como mecanismo arquitectónico universal. Frampton retoma y da vida a algunas de las olvidadas teorías de Gottfried Semper. Especialmente brillante es la distinción que hace entre lo Estereotómico y lo Tectónico en Arquitectura.

Lo Estereotómico referido a lo pesante, lo gravitatorio, lo inmóvil, lo unitario, lo continuo. Lo Tectónico referido a lo ligero, lo móvil, lo fragmentado, lo discontinuo. No imaginaba Frampton la capacidad de generar nueva arquitectura a partir de esa idea que él recuperaba. En nuestro caso debemos la recuperación de estas ideas a Jesús Aparicio, que tras su estancia como becario Fulbright en Columbia University las transmitió en Madrid, y las recogió después en un estupendo libro titulado *El Muro*.

La Real Academia Española de la Lengua, define una superficie plana como *"la que es paralela al horizonte colocado en la parte inferior del cuadro"*, y define el plano horizontal como el *"definido por la superficie de un líquido en reposo"*. Es curioso que utilice un líquido en reposo para definir una situación física tan firme y estable como la de un plano horizontal.

También en el texto *El establecimiento de la Arquitectura* que escribí hace tiempo, hice una encendida defensa del plano horizontal, dando todo tipo de argumentos que de alguna manera tenían que ver con los análisis de Utzon y de Frampton. En este texto, en cierta manera continuación de aquél, se quiere insistir todavía más en aquellos argumentos, y explicar además cómo se ha materializado de manera radical en algunos de nuestros últimos proyectos.

Se intenta una vez más demostrar que la teoría en Arquitectura debe ir de la mano de la práctica. No se trata de hacer unos proyectos, construirlos y luego, como si de un ventrílocuo se tratara, ponerles una voz prestada. Al contrario, querríamos demostrar algo que es sustancial a la propia creación artística, y mucho más a la arquitectónica. Que las obras construidas son el resultado de un proceso de pensamiento que viene de muy atrás, que engarza con la historia pasada y que construye la historia futura. Un proceso que puede ser considerado como de verdadera investigación.

EL PLANO HORIZONTAL LÍMITE ENTRE LO ESTEREOTÓMICO Y LO TECTÓNICO

La propuesta de este escrito es la de intentar avanzar un paso más, y considerar el plano horizontal plano como la materialización del límite entre lo tectónico y lo estereotómico.

Cuando el hombre primero establece el plano horizontal, está haciendo algo más importante que sólo satisfacer una necesidad física de estabilidad reclamada por las inexorables leyes de la gravedad.

Cuando el hombre primitivo se establece y toma posesión de un lugar lo primero que hace es construir el plano horizontal. O buscar lugares planos. Luego los cerca para delimitarlos. Ese plano es la misma tierra, es claramente un plano estereotómico. Y cuando el hombre coloniza la cueva, lo primero que hace es establecer en su interior planos horizontales para estar o para dormir. La cueva es el organismo estereotómico que le concede al hombre la protección y la estabilidad deseadas. La cueva es así la casa primera.

Y cuando mucho más tarde construye la cabaña, construyendo el plano horizontal con elementos ligeros, lo que hace es algo mucho más importante: no sólo se alza sobre la tierra para dominarla, sino que además, con la construcción del plano horizontal móvil, ya tectónico, consigue lo que es más importante, la libertad. La cabaña como signo de libertad frente a la cueva. La cabaña es así la nueva casa.

Cuando Mies van der Rohe construye la Casa Farnsworth lleva a cabo una operación que va mucho más allá que el sólo hacer una hermosísima casa ligera y transparente. Por primera vez en la Historia de la Arquitectura establece de manera consciente, como arquitecto, el plano horizontal plano flotando en el aire. Ésa es la clave de la operación. Es más, no es fácil explicar por qué no se ha repetido más veces esta operación por parte de los arquitectos. Ni siquiera por parte del mismo Mies.

Algo de todo esto late en Adalberto Libera cuando en su Casa Malaparte[7] propone establecer como plano principal de la vida de la casa el plano horizontal plano superior, como principio o final de un podio estereotómico. Como si de una pequeña acrópolis se tratara. Como un *temenos*. No es que se aproveche la cubierta de la casa como azotea; es algo más, mucho más: ese plano es el plano principal de la vida de la casa. Nunca nadie volvió a repetir un espacio así de radical. Ni él ni ningún otro arquitecto. El plano horizontal plano, desnudo, radical, puro, como plano principal de la Arquitectura. Un verdadero *temenos*, un lugar donde los hombres se encuentran con los dioses.

Las casas De Blas[8] en Madrid, Olnick Spanu[9] en Nueva York y Rufo[10] en Toledo son ejercicios en los que parto del podio estereotómico para lograr construir el plano horizontal y, sobre él, construir la pieza tectónica.

Y en el proyecto Entre Catedrales, ya construido en Cádiz, y en el Centro para la Interpretación del Paisaje en Lanzarote, y en la Casa en Zahara, en todos ellos, se manifiesta esa misma operación de modo aún más radical. En todos ellos el tema central es la creación de un plano horizontal plano en alto, radical y desnudo. Nada más y nada menos.

No se trata en ninguno de estos casos de una cubierta superior plana que se aprovecha o se coloniza. Todo lo contrario. Como lo expresa muy bien Utzon en el último párrafo de su texto ya citado: *"Materializar la plataforma, hacerla visible y evitar que desaparezca es un tema muy importante cuando se empieza a construir sobre ella. Un techo plano solo no expresa bien el carácter plano de la plataforma"*... del plano horizontal plano.

Por nuestra parte, desde el primer momento existe la clara y rotunda voluntad de que este plano sea el protagonista, la idea central en estos proyectos. Y si en los últimos se ha eliminado cualquier elemento emergente no es por voluntad de purismos ni de supuestos minimalismos. Al contrario, es tal la fuerza espacial de la plataforma horizontal frente a la naturaleza, que cualquier otro elemento podría desvirtuarla. Un plano horizontal plano entre lo estereotómico y lo tectónico. Entre la tierra y el cielo.

Es evidente que esto sólo es posible en lugares que, por una parte, tengan un paisaje de horizonte lejano donde esta operación tenga sentido y, por otra, donde el clima haga posible la función prevista en ese espacio a cielo abierto. En todos estos casos, en los tres proyectos, el horizonte lejano es la línea oeste del Océano Atlántico. Y en los tres lugares el clima es privilegiado.

LOS TRES PROYECTOS

El primero de ellos es el que llamamos Entre Catedrales,[11] construido en Cádiz, de la que dicen que es la ciudad más antigua de Occidente. Se nos pedía "cubrir una excavación arqueológica" y le dimos a la ciudad un espacio público. Para ello hicimos algo más que tan sólo una cubierta plana: levantamos un plano horizontal, pavimentado con mármol blanco de Macael, con una rampa lateral para acceder fácilmente. Y con un palio blanco al fondo para dotarle de un poco de sombra. Abrazada por las dos catedrales, la plataforma en alto impide la visión de los coches que pasan por delante, y sólo contemplamos el mar, en una eficaz operación de abstracción. Como si de la cubierta de un barco o de la alfombra voladora de Aladino, se tratara. El Océano Atlántico inmenso ante nosotros. Nada más y nada menos. Un plano que claramente pertenece al mundo tectónico.

El Centro de Interpretación de Lanzarote[12] se sitúa en las colinas que rodean las salinas de Janubio que se abren al mar. Se plantea en el centro, en lo más alto, un gran plano horizontal plano cuadrado de 90x90 metros, negro como la lava de toda la isla, capaz de valorar espacialmente, subrayándolo, el fascinante paisaje ante el que estamos. Para establecer ese gran plano construimos unos fuertes muros de contención cuyo interior colonizamos luego. En el plano horizontal se excavan una entrada en "trinchera" y unos patios que servirán a las funciones que se alojan en su interior. La sombra producida por esos espacios excavados da todavía más fuerza a la operación. Un plano que pertenece claramente al mundo estereotómico.

Y lo mismo podría explicarse sobre la Casa en Zahara,[13] en Cádiz, también en alto, ante una duna en primera línea de mar. Un trozo de paraíso donde colocamos una plataforma horizontal de 20x40 metros construida en piedra, en travertino romano. De nuevo ante el mar, poniendo en valor y acentuando el paisaje que se abre ante nosotros.

En los tres casos la geometría adoptada, abierta a todas las orientaciones, clarifica aun más la definición espacial planteada. Máxime cuando se abren al oeste, al Océano Atlántico, paralela nuestra línea de borde a la del horizonte del mar. El clima en estos lugares es perfecto para estas operaciones espaciales. Podemos recordar aquí como las "azoteas", el plano superior de las casas, han sido tradicionalmente lugares habituales de estancia en estas zonas insulares y costeras. Se podrían traer a colación algunas imágenes bien conocidas de Le Corbusier. Todavía recuerdo mi experiencia de niño, en Cádiz, cuando corríamos por las azoteas de casa, mientras las mujeres charlaban tranquilamente en aquel privilegiado cuarto de estar a cielo abierto. Desde allí veíamos el mar y las puestas de sol. El tiempo allí quedaba suspendido.

El plano horizontal plano, radical, sin ningún elemento intermedio, acentuará las cualidades espaciales de esos lugares de horizonte lejano descritos. En ellos se diría que el mar viene hacia nosotros. O parece que, como montados en una alfombra de Aladino, fuéramos nosotros quienes nos aproximáramos a él. Las funciones de estancia, de solárium, de relación alrededor de la piscina, de descender en trinchera para entrar, o de resguardarse del viento en las partes excavadas, se desarrollarán allí adecuadamente.

Para entender que es perfectamente posible realizar las funciones previstas sobre un plano horizontal plano, radical y desnudo, viene bien pensar en las cubiertas de los barcos. Pues estar sobre un plano horizontal plano es como estar sobre la cubierta de un barco a cielo abierto.

A diferencia de anteriores proyectos, en los que aparece el plano horizontal sobre el que se construye algún elemento contenedor de funciones, la vuelta de tuerca que supone la sóla plataforma horizontal como plano principal de estas arquitecturas implica una aportación a la Arquitectura: la construcción del plano horizontal plano de manera radical.

En todos los casos la materialidad de su construcción, mármol blanco macael en Cádiz, hormigón negro en Lanzarote y mármol travertino romano en Zahara, cualifica eficazmente la fuerza espacial de estas operaciones.

FINALE

En definitiva se trata de volver una vez más a defender el plano horizontal plano como límite entre el mundo estereotómico y el tectónico. Bien definido en proporciones, dimensiones y materiales, como uno de los mecanismos básicos en la Arquitectura, por encima del tiempo.

Aquello que, como escribía Utzon en su *Platforms and Plateaus*, hicieron los indios en los tiempos pretéritos con sus plataformas sobre la jungla, y que el hombre de nuestro tiempo sigue buscando: *"habitar la morada de los dioses"*, la felicidad. En nuestro caso a través de la Arquitectura.

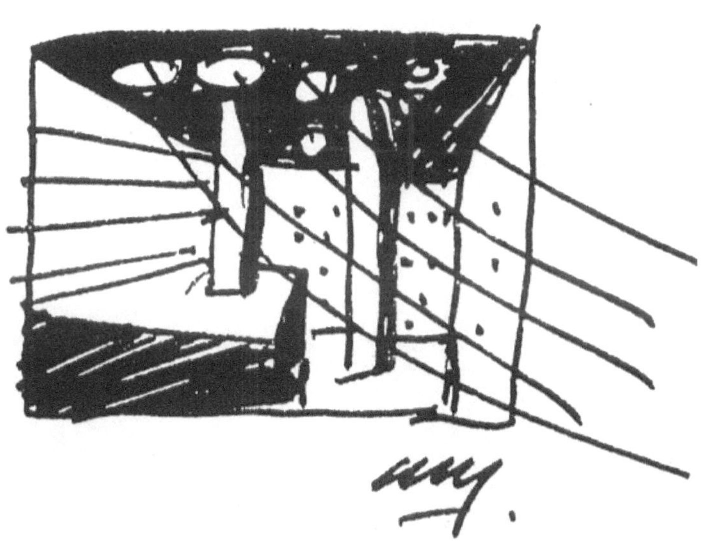

MNEMOSINE VS MIMESIS

De la memoria en la arquitectura

La Memoria es un instrumento imprescindible para todo arquitecto. Un arquitecto sin memoria es nada y menos que nada.

Cuando se habla de la Memoria en Arquitectura, la gente suele identificarla con la Mímesis, con la copia directa de modelos pretéritos. Así lo han hecho muchas veces tantos arquitectos. Y de la mano de la Mímesis han resuelto los problemas que plantea la nueva Arquitectura al insertarse en la ciudad histórica. Y casi todos los políticos así lo entienden y alientan. Aplaudidos todos por una sociedad inculta que, olvidada de la Historia y de su más profundo discurrir, protesta ante cualquier actuación nueva.

Cuando propongo la Memoria como instrumento imprescindible para la Arquitectura me refiero a Mnemosine,[1] aquella hija titánide de Gea y Urano que tras pasar nueve noches con Zeus, engendró a las nueve musas que hoy nos contemplan. Muy alejada nuestra rebelde Mnemosine de la dócil Mímesis incapaz de salirse del guión establecido. Porque aquella Mímesis que Aristóteles denomina *"imitación de la naturaleza en el arte clásico"*, ha derivado demasiadas veces en el pastiche, en la copia literal de las formas propuestas por los estilos a lo largo de la Historia.

Pero la Arquitectura de la ciudad es una historia viva. Es más, la Arquitectura como fiel reflejo de su tiempo es la que verdaderamente construye la Historia de las ciudades. Roma es el Panteón, y Bernini, pero también Piacentini. Y también Richard Meier y Zaha Hadid. De la misma manera que Madrid es Sabatini y el Marqués de Salamanca y Sáenz de Oiza. Y Lisboa es tan Pombal como Siza.

Para un arquitecto la Memoria es imprescindible. Como el arca del tesoro de donde sacar continuamente material para ser utilizado de manera adecuada. Para destilar de ahí las mejores esencias. E intentar seguir colocando nuevos tesoros en el arca.

Para llegar a ser arquitecto de verdad se necesita una enorme cantidad de conocimientos, una gran sabiduría. Y es en la propia Historia donde encontramos la mayor parte de los conocimientos necesarios para destilar los materiales con los que construir esa creación artística que es la Arquitectura.

Una Memoria que, lejos de anclarnos en el pasado, apoyándose en él, da impulso al arquitecto para remontarse y volar al futuro. Esta situación del arquitecto en relación con la Memoria la diagnostica muy bien Reinhold Martin en su libro *Utopia's Ghost*, donde tras lanzar una acertada imagen de la situación actual *"no es posible escapar de esta estancia de los espejos"*, concede un esperanzador papel a la Historia en la creación de la futura Arquitectura: *"Con este cambio de papeles, la misma Historia, lejos de tener un final, podría otra vez volver y volver a lanzar sus lazos con una conveniente periodicidad. Atrapados en estos lazos, nosotros podríamos finalmente darnos cuenta de que si el post en el postmodernismo significa algo, es que debemos aprender a vivir con nuestros fantasmas, incluidos los fantasmas del pasado, del presente y del futuro, los fantasmas de los vivos y de los muertos. Y con ellos, también con los fantasmas de nuestros propios maestros. Esto significa, en otras palabras, aprender a pensar una vez más en esa idea que llamamos Utopía."*

LA CREACIÓN ARTÍSTICA

Mucha gente confunde la creación artística, lo artístico, con el gesto disparatado, la invención ingeniosa o la forma caprichosa. Muy al contrario, la verdadera creación artística, y la Arquitectura lo es, requiere de una enorme cantidad de conocimientos previos que exigen sabiduría y tiempo por parte del arquitecto. Sabiduría que radica en la Memoria.

Goya conserva en su memoria, y bien viva, toda la obra de Rembrandt. Y nadie se atrevería a decir que le copia. Pero tampoco que no lo conoce. Según su hijo, Goya afirmó que uno de sus auténticos maestros era Rembrandt, quien le precedió en un siglo. Picasso decía que cuando trabajaba en el estudio estaban allí con él todos los grandes maestros del pasado, Rembrandt y Goya entre ellos.

No es casual que los dos grandes maestros de la Arquitectura Moderna, Le Corbusier [2] y Mies Van der Rohe,[3] se fotografiaran orgullosos ante el Partenón. Nunca lo copiaron pero siempre estuvo vivo en su Memoria.

Y las mejores obras de los arquitectos que merecen la pena, los que pasan a la Historia, son sus obras más maduras, hechas con tiempo y con Memoria. Lo que ahora es tan poco común.

CPU

En este tiempo de los ordenadores es inmediata la comparación de la Memoria con el CPU [4] (*Central Processing Unit*), esa Unidad Central de Procesamiento sin la que un ordenador no es nada. Como una persona con alzheimer que, perdida la Memoria, no puede hacer casi nada. Y si un ordenador sin CPU no es nada, y resulta inofensivo, ante un arquitecto sin Memoria deberíamos echarnos a temblar. Tan peligroso es. Casi todos los disparates o los caprichos que hoy vemos construidos son fruto de la falta de Memoria de algunos arquitectos, de su falta de Cultura. Porque la Memoria es en definitiva Cultura. Y la Arquitectura radicada en la Memoria es creación artística, es Cultura.

Ya lo decía Cicerón: *"No saber lo que ha sucedido antes de que naciéramos es como permanecer en la infancia perpetuamente"*.

BACHELARD

La Memoria, lejos de recortar la imaginación, la despierta y la complementa.

"Todo espacio realmente habitado contiene la esencia del concepto de hogar, porque allí se unen la Memoria y la Imaginación, para intensificarse mutuamente. En el terreno de los valores forman una comunidad de Memoria e Imagen, de tal modo que la casa no sólo se experimenta a diario, al hilvanar una narración o al contar nuestra propia historia, sino que, a través de los sueños, los lugares que habitamos impregnan y conservan los tesoros del pasado. Así pues la casa representa una de las principales formas de integración de los pensamientos, los recuerdos y los sueños de la humanidad. Sin ella, el hombre sería un ser disperso".

Estas certeras palabras de Gaston Bachelard en ese texto imprescindible para los arquitectos que es *La poética del espacio*, hablan a las claras de la necesidad de la Memoria. Y de su comunidad con la Imaginación para intensificarse mutuamente. Repite lo que ya habíamos dicho antes pero con palabras más autorizadas y hermosas. Y así podíamos calificar de equivocados a los arquitectos que sobrados de Imaginación pero faltos de Memoria, levantan esos monstruos antes citados, para asombro de nuestra sociedad tan inculta.

EJEMPLOS

El maravilloso y gigantesco Palacio Pitti[5] de Florencia fue levantado en su traza original en 1458 por Luca Fancelli, aunque se atribuya a Brunelleschi. Y en 1549 lo amplía Vasari repitiendo los mismos elementos ya existentes. Posteriormente Giulio Parigi lo reforma en 1616, para ser de nuevo ampliado en el siglo XVIII por Giuseppe Ruggieri. Pues en todas sus ampliaciones, de uno u otro modo, el mecanismo empleado fue el de la Mímesis que, evidentemente garantiza la continuidad lingüística del conjunto.

Pero, insisto, lo que nos interesa aquí es resaltar el valor de la Mnemosine frente a la Mímesis. Así, en la Arquitectura contemporánea podemos encontrar muchos y buenos ejemplos de cómo se ha utilizado la Memoria, la Mnemosine, de manera adecuada.

Cuando Juan Navarro Baldeweg proyecta el Palacio de Congresos de Salamanca, el recuerdo de la cúpula suspendida de la Casa-Museo de Sir John Soane en Londres, destilado de manera magistral, colabora eficazmente a lograr un espacio maravilloso.[6]

Cuando Álvaro Siza construye el restaurante Boa Nova en Porto,[7] una de sus primeras obras, el que Alvar Aalto esté presente en su concepción espacial y en sus detalles no le resta un ápice a su originalidad ni a la extraordinaria calidad del maestro portugués.

Cuando Eduardo Souto levanta la Torre del Burgo[8] en Oporto, el fuerte aroma miesiano no resta nada a la originalidad y a la calidad de la arquitectura allí construida.

FUTURO

Y si las raíces de la Arquitectura están en la Memoria, en el pasado, también el futuro de la Arquitectura reclama a la Memoria.

El deseo de la Arquitectura de permanecer en el Tiempo está en su capacidad de perdurar en la Memoria de los hombres. El duro deseo de durar que Paul Eluard consideraba como impulso primero de la creación poética, también lo es de cualquier creación artística. Y más de la Arquitectura. Lo que tan bien expresaba el poeta brasileño Carlos Drummond de Andrade: *"Me he cansado de ser moderno; ahora quiero ser eterno".*

Para andar es necesario tener un pie en el aire. Y para saltar, los dos. Para hacer la Arquitectura de nuestro tiempo es necesario, con los dos pies en el aire, entender este tiempo y el tiempo futuro y el tiempo pasado. Y para ello contamos con la Memoria que, lejos de ser una rémora para la Imaginación, se intensifica mutuamente con ella, como acabamos de leer en Bachelard.

Un arquitecto que quiera construir la Arquitectura más en punta, más de vanguardia, más de su tiempo, deberá trabajar con la Memoria en el sentido más profundo. Y como aquella generosa Mnemosine, de la mano de Zeus, concebir edificios maravillosos para alojar a las Musas y con ellas hacer felices a los hombres.

ADENDA

Como es lógico en muchas de las obras que he levantado en estos años, en unas de manera patente y en otras de manera más callada, la Memoria de la Historia ha intervenido de manera eficaz.

En el edificio central de Caja Granada[9] las cuatro grandes columnas que presiden el gran espacio central, coinciden en su altura, diámetro y distancia entre ellas, con las columnas de la Catedral de Granada levantada por Diego de Siloé, una maravillosa pieza renacentista construida hace ya casi cinco siglos. Allí con la piedra y aquí con el hormigón armado, convienen ambas obras en su capacidad de conmovernos cuando estamos ante ellas, dentro de ellas. Y más si cabe cuando el sol las traspasa. Cuando la luz las atraviesa, como cuando el aire atraviesa un instrumento musical, suenan a música celestial.

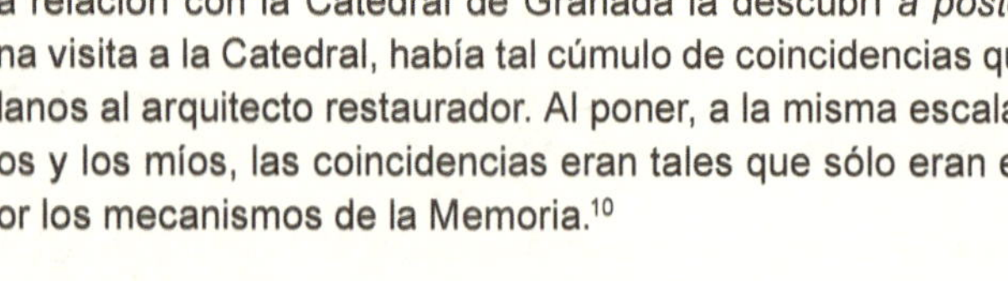

La relación con la Catedral de Granada la descubrí *a posteriori*. Tras una visita a la Catedral, había tal cúmulo de coincidencias que pedí los planos al arquitecto restaurador. Al poner, a la misma escala esos planos y los míos, las coincidencias eran tales que sólo eran explicables por los mecanismos de la Memoria.[10]

Y en el Museo de la Memoria de Andalucía, también en Granada, para hacer el patio elíptico presidido por la rampa helicoidal, decidimos *a priori* tomar prestadas las dimensiones y proporciones del patio circular de Pedro Machuca en el Palacio de Carlos V de la Alhambra.[11] Tras haberlo visitado en muchas ocasiones, descubrimos cómo, además de todos sus valores estilísticos, había una componente física de gran eficacia espacial. Las dimensiones y proporciones de ese patio son tales que, desde cualquier punto, incluido el más alejado, siempre cabe en nuestro ángulo de visión.[12]

Suelo hacer con mis alumnos la prueba de, poniendo las manos abiertas a la altura de los ojos, ir desplazándolas hacia atrás manteniendo su altura, hasta que desaparecen de nuestra vista. Hay un punto exacto, un momento mágico, el momento antes de desaparecer, que indica el del más amplio ángulo visual. El que emplea Machuca en el patio circular de Carlos V y nosotros aprovechamos en nuestro patio elíptico. Se hace patente el control visual del espacio por parte del espectador. Un mecanismo muy simple que la Historia nos enseña y que, de la mano de la Memoria, podemos seguir utilizando.

También en la rampa helicoidal está presente, a través de la Memoria, la rampa de los pingüinos de Lubetkin en el Zoo de Londres.[13] Aun con escala muy diferente, utilizo el mecanismo de rampa de planta circular incluida en una caja de planta elíptica abierta al cielo. La combinación del movimiento ascendente más la compresión-dilatación de las paredes, se manifiesta de una gran eficacia espacial.[14]

Y en la última obra que hemos terminado en Zamora el recurso a la Memoria es inmediato. Construimos una caja con unos altos muros con la misma piedra de la Catedral frente a la que estamos.[15] Y como testimonio de nuestro tiempo colocamos la piedra del mayor tamaño posible. En la esquina, como una verdadera piedra angular, situamos una pieza de casi tres por dos metros, que hace visible la intención de esta operación.[16] De la misma manera que los vidrios del interior, de

seis por tres metros, son los mayores que la técnica puede producir actualmente.[17] En cualquier caso estamos utilizando, junto a la tecnología más en punta, los mecanismos de la Memoria, Mnemosine, para hacer una obra de nuestro tiempo.

También la Memoria de las obras más cercanas en el tiempo actúa sobre los arquitectos. No me refiero aquí a la habitual influencia formal de las arquitecturas más a la moda, sino a la sana influencia de los verdaderos maestros más recientes.

Y de la mano de Mnemosine acudimos a la Casa Farnsworth[18] de Mies en Plano, Illinois como referencia para la Casa Olnick Spanu[19] en Garrison, Nueva York. Pero, aun habiendo algunos puntos en común (la transparencia total, la estructura ligera y blanca, la horizontalidad, y la operación de subrayar el paisaje), hay muchos otros aspectos que las diferencian.

Si la Casa Farnsworth se plantea como una balsa, despegada del terreno, flotando en el aire, la Olnick Spanu se ancla a la tierra por medio del fuerte podio de hormigón.

Si la Farnsworth consiste en un espacio indeterminado abierto al bosque con igual valor en las cuatro direcciones, la Olnick Spanu ofrece una direccionalidad preponderante hacia el oeste, en su posición en alto respecto al rio Hudson al que se abre. Una vista dominante de extraordinaria belleza.

Si la estructura de la Farnsworth recoge la casa por el borde exterior, atrapándola, los pilares de la Olnick Spanu se remeten de manera que el techo vuela en todas las direcciones, liberándola.

Si las carpinterías acristaladas de la Farnsworth van de pilar a pilar, en la Olnick Spanu quedan desligadas de la estructura. Además en nuestro caso la banda de pilares delantera queda fuera de la caja de cristal y la banda trasera dentro, lo que acentúa más si cabe la sensación de transparencia. Lo que ya hiciera hace años en el Centro BIT de Inca en Mallorca.

Y si los pilares de la Farnsworth son perfiles HEB pintados de blanco que marcan una dirección clara, los soportes de la Olnick Spanu son circulares, también blancos, pero marcando todas las direcciones.

La Farnsworth es una cabaña, una materialización moderna del sueño del abate Laugier, un único espacio donde se desarrollan todas las funciones. Una pieza puramente "tectónica" según la doctrina de Semper.

La Olnick Spanu, por el contrario, es una "cabaña" colocada sobre una "cueva". Una pieza "tectónica" colocada sobre un fuerte podio "estereotómico", siguiendo más puntualmente si cabe la citada doctrina de Semper.

Se trata en definitiva de dos casas bastante distintas, aun perteneciendo a la misma familia, de ahí ese aire común. Ambas muy hermosas. Estoy seguro de que al maestro le gustarían estas matizaciones.

Y es que este instrumento, la Memoria, Mnemosine, es imprescindible para los arquitectos. Para poner en pie con pleno conocimiento la Arquitectura de nuestro tiempo.

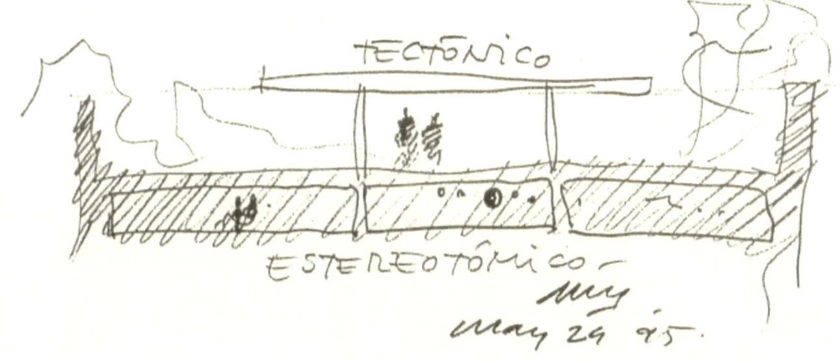

TECTÓNICO
ESTEREOTÓMICO
May
May 29 95.

Sobre la esquina. Cuando la arquitectura se encuentra con la tierra

La Sagrada Escritura cuando habla de la piedra angular[1] dice que *"la piedra que rechazaron los arquitectos, ésa se ha convertido en piedra angular"*. Y es que la piedra angular, las piedras angulares, definen la estructura de la edificación y establecen allí el orden del espacio.

El origen de escribir sobre la piedra angular procede de la observación atenta, desde hace ya muchos años, de los edificios construidos en piedra y de cómo se apoyan, o mejor, cómo arrancan del suelo.

Siempre arrancaban los edificios de piedra con grandes sillares que explicaban bien la naturaleza de esa arquitectura. La piedra entonces no sólo era de mayor tamaño o estaba tratada de manera diferente sino que incluso algunas veces se utilizaba una piedra más resistente. Tan importante era, es, el encuentro con el plano de la tierra. Desde el punto de vista conceptual, pero también desde el constructivo.

Hoy día parece que las cosas han cambiado. A veces se ven en ese encuentro piezas de tamaño muy pequeño en relación con las grandes dimensiones de esos edificios. Aparecen en los sitios más visibles pequeñas tiras y triángulos ridículos. Más aún en las situaciones donde se encuentran los muros verticales del edificio con el terreno en que se asienta, y peor todavía si el terreno es inclinado. Es precisamente en esos puntos donde se reclaman piezas mayores.

Claro que en muchos otros edificios, los más, este encuentro es perfecto. Basta con que las piedras sean proporcionalmente grandes para que todos esos puntos se resuelvan adecuadamente.

Además, querría tratar aquí de una situación espacial especial que es la esquina, las esquinas de los edificios, los ángulos de la arquitectura. El encuentro de los dos planos de fachada con el suelo, o el de los dos planos de fachada con la cubierta. Son momentos, puntos de especial tensión espacial.

Una vez más, con el tema de la piedra angular, se trata de hablar no sólo de una solución concreta a un problema concreto sino, abstrayendo un poco, llegar a cuestiones más generales que están en el centro de la Arquitectura, en su origen. Y como siempre, descubrir que la Arquitectura es una cuestión de ideas, pero también de la construcción material de esas ideas.

EL MURO QUE NACE DEL SUELO. EL ZÓCALO.

Quizás la primera construcción en piedra fuera un muro. Para protegerse del sol y de los vientos. O para dar sombra y cobijo, como el muro del Pescile en Villa Adriana. O en otros casos para cercar un lugar o marcar el territorio.

Claro que más que hablar del encuentro del muro con el suelo, del encuentro del plano vertical con el horizontal, deberíamos hablar de cómo el muro nace, cómo emerge del suelo. Lógicamente esas primeras hiladas del muro deberán ser mayores, o por lo menos nunca menores que el resto de las piedras que lo constituyen. Por estabilidad física y visual, por lógica constructiva. Y de todas ellas, la primera piedra marcará un punto crucial y deberá ser especial, quizás la mayor.

El zócalo, que es el momento de encuentro de la fachada con el suelo, siempre debería tener piezas de mayor tamaño que el resto del edificio. E incluso de mayor resistencia.

En ocasiones la aparición de los pequeños triángulos y tiras de piedra en edificios grandes es fruto del crecimiento inadecuado de los niveles de la acera, cuando en la realidad, en su interior, las piedras son mayores. Aún siendo así resulta chocante.

Muchos de los nuevos edificios están simplemente forrados de piedra. Y en ellos la dimensión y el orden de la piedra no están definidos por la solicitación de la estructura gravitatoria. Pues aun así, se debe exigir, también por razones de la lógica y de la buena construcción, que las piedras del zócalo sean mayores o, insisto, nunca menores que las del resto del edificio. Mayores en sus tres dimensiones, haciendo que esto sea visible, incluso en el grosor de las piezas.

El discurso debería seguir con la resolución constructiva de la acera considerada como borde del plano sobre el que se asienta el edificio. En su conjunción con el zócalo debe resolverse esa junta, tanto desde el punto de vista conceptual como del constructivo. Y así podríamos seguir hasta el infinito.

Por razones parecidas a las del zócalo, debemos hablar del encuentro del edificio con el cielo. De cómo la última hilada, su cornisa y su remate, deben estar resueltos adecuadamente.

No es el muro de piedra, como algunos suponen, ni en su principio ni en su final, un plano abstracto que se corta y se pega como si tal cosa.

EL ÁNGULO. LA ESQUINA.

Y si es importante la intersección del plano vertical del muro con el plano horizontal del suelo, no lo es menos el encuentro de los dos planos verticales en el ángulo, en la esquina.

No deberían tampoco admitirse nunca piedras de menor tamaño en este punto. Incluso en muchos edificios construidos en otro material, sus esquinas están resueltas en piedra. Y en los de piedra, suelen ser las de las esquinas las de mayor tamaño. En ningún caso menores. Siendo el ángulo el punto de arranque lógico al construir, se debe comenzar siempre con piezas completas.

Cuando se trata de grandes muros de carga de mampostería, no suele haber problemas con las esquinas, entre otras cosas por razones elementales de estabilidad. Pero, una vez más, cuando se trata de edificios con sólo piel de piedra, volvemos a encontrarnos muchas veces con graves problemas de ortografía en sus fachadas. A veces se ven en las esquinas piezas demasiado pequeñas para un momento de tanta intensidad espacial.

Las esquinas de los edificios son de suma importancia. Son las esquinas las que construyen y definen las ciudades.

EL TRIEDRO CLAVE. LA PIEDRA ANGULAR.

Y si importante es el zócalo, y la cornisa, y la esquina, lo es aún más el punto donde la esquina se encuentra con el suelo. Es el punto de mayor tensión gravitatoria. Es el punto clave, el punto de referencia de un edificio.

Los edificios se plantean, y se replantean, con los puntos de su estructura. Cuando son muros de carga, por sus líneas y, lo más importante, por los encuentros de estas líneas en las esquinas. En esos muros de carga esos ángulos son puntos necesarios de referencia y resistencia. Por lo tanto la piedra primera, la piedra angular, la *cornerstone*, debe ser la más resistente. Ése es el sentido más profundo del acto de puesta de la primera piedra cuando comienzan las obras de un edificio. O también hacerla visible cuando se inaugura, y se celebra la piedra angular.

Hasta hace pocos años, había de hecho la costumbre de hacer visible esa piedra angular, la *cornerstone*. Y se solía colocar a la altura de la vista, para que se viera bien, en la esquina más visible. Y en ella se grababa, a veces en latín y siempre con números romanos, la fecha de su terminación. Y en su interior se introducía una caja metálica con documentos relativos a la historia del nuevo edificio.

COLUMBIA UNIVERSITY

En la Universidad de Columbia en Nueva York podemos encontrar varias de estas piedras, bien visibles en casi todos sus edificios.[2]

Al salir de Avery Library para ir al Teachers College se pasa por delante del Pupin Building, en el 538 W de la calle 120. El edificio de William Kendall, que trabajara con Mc.Kim, Mead & White, muestra orgulloso su *cornerstone* donde puede leerse: *CORNER STONE LAID AUGUST SEVENTH MCMXXV.*

Seguidamente, al subir a Broadway doblando por la misma acera, se encuentra el Chandler Building, obra de Mc.Kim, Mead & White en el 3010 de Broadway, que tiene grabado a la altura de nuestros ojos: *CORNER STONE LAID JUNE THIRD MCMXXV.*

Y un poquito más adelante, en el 2960 de Broadway, por donde habitualmente se entra al Campus de Columbia desde la ciudad, desde el Subway, el Dodge Miller Theater, también de Mc.Kim, Mead & White, tiene una sencilla inscripción que reza: *CORNER STONE LAID DECEMBER EIGHTEENTH MCMXXIII.*

Y en la propia Avery Library, también de Mc.Kim, Mead & White, sede de la Escuela de Arquitectura de Columbia, se puede ver bien su piedra angular en la esquina derecha, mirando de frente a su fachada principal: *CORNER STONE LAID JUNE SEVENTH MCMXL*. La última en el tiempo de las cuatro aquí citadas.

Pero ninguno de los nuevos edificios de la más prestigiosa Universidad de Nueva York, y una de las más reconocidas del mundo, parece haberse enterado de esta inveterada costumbre, tan propia de los arquitectos.

LA ESQUINA DE AIRE

Y ¿qué pasa con la piedra angular cuando, como en gran parte de la arquitectura contemporánea, la esquina es de vidrio, y la estructura puntual se retrasa para lograr esa máxima transparencia?

Es fascinante ver cómo los arquitectos, cuando profundizan de verdad en los temas sustanciales de la Arquitectura, se plantean retos espaciales que no son fáciles de resolver. Y éste de desmaterializar la esquina, el momento de mayor tensión estructural, éste construir la esquina con aire, lo es.

Eso que de manera patente y, por qué no decirlo, emocionante, intenta hacer Mies Van der Rohe en su bellísimo proyecto de la casa de 50x50 pies[3] de 1950, sostenida por sólo 4 pilares en el centro de sus cuatro fachadas, en vez de situar los pilares en sus cuatro esquinas. De esta manera tan sencilla, las esquinas quedan liberadas y son esquinas de aire. Claro que mucho antes, en 1921 lo había intentado en el concurso para el rascacielos de vidrio en la Friedrichstrasse[4] con sus "ángulos de aire" y en 1922, de manera magistral, en el *Glass Skyscraper*[5] donde la disolución de la esquina a través de la curvatura de la fachada era total.

ADENDA[6]

Hemos terminado un edificio en Zamora, frente a la Catedral, construido con su misma piedra, muy radical, donde hemos colocado una gran piedra angular, una *cornerstone* muy especial.

El edificio es la sede del Consejo Consultivo de la Junta de Castilla y León. El solar era el jardín de un antiguo convento. Cumpliendo con el expresivo lema con el que ganamos el concurso, *Hortus Conclusus,* hemos levantado unos potentes muros de piedra arenisca dorada, siguiendo las trazas irregulares del solar. Una imponente caja de piedra abierta al cielo.

Y en su interior, para alojar el programa de oficinas que se nos pedía, hemos construido una delicadísima caja de vidrio transparente con trazas ortogonales y con una doble piel, un muro *trombe* de vidrio. La cara exterior la hemos resuelto con los mayores vidrios que es capaz de producir la industria actualmente, colocados con silicona estructural, sin ningún elemento metálico, de manera que la transparencia es total. El resultado es muy sorprendente. Tan transparentes son esas fachadas, que parece que estuvieran construidas con aire.

La "esquina de aire" o mejor dicho, "el triedro de aire" del que antes hablábamos, está allí construido de tal manera que todavía nos parece mentira que aquello pueda estar levantado.[7]

La caja de muros de piedra, construida con piezas de 1,00 x 0,75 metros, y 8 cm de espesor, tiene un zócalo de piedras mayores o, por lo menos nunca menores que el tamaño general. Allí se prohibieron taxativamente las tirillas y los triangulillos.

Y en la esquina frente a la Catedral hemos colocado un gran sillar de 2,50 x 1,50 x 0,50 metros. La piedra mayor que nos permitía la cantera y la industria que la suministraba y colocaba. Al sobresalir 1,50 metros de la línea del suelo, pues está colocada en horizontal, se hace visible a las claras su tamaño imponente. Es la piedra angular de nuestro edificio que, no sólo responde a cuestiones de resistencia, sino también a las de tipo teórico. En ella hemos grabado en latín: *HIC LAPIS*

ANGULARIS MAIO MMXII POSITO.[8] Y por parecidas razones hemos grabado en el ángulo más visible de la caja de vidrio *HOC VITRUM ANGULARIS MAIO MMXII POSITO.*[9]

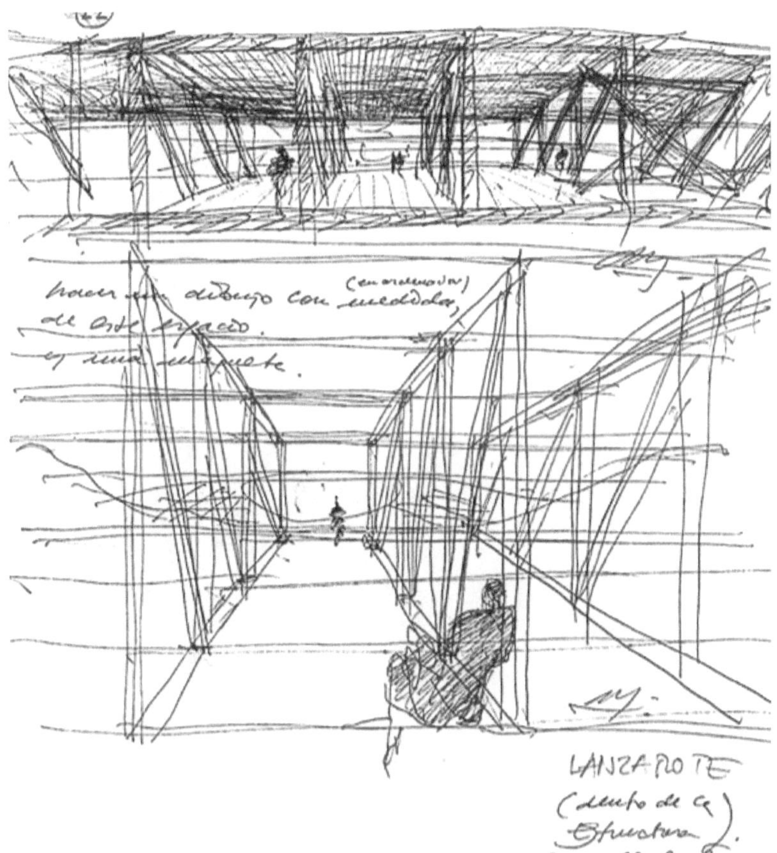

(en alzado)
hacer un dibujo con medidas,
de este espacio.
y una maqueta.
LANZAROTE
(dentro de la)
Estructura).

DE ELEFANTES Y PAJAROS

Sobre la estructura. De cómo la arquitectura se aligera

Observamos que las estructuras de muchos edificios se hacen y se harán cada vez más ligeras. Por razón de la economía, de los materiales y de la tecnología que avanza a pasos agigantados. Y también por cambios de mentalidad en la concepción del espacio por parte de los arquitectos. Cada vez más lejos de la cueva y más cerca de la cabaña.

Si antes se tendía a eliminar pilares por razón de una mayor diafanidad, o de la transparencia, o del espacio continuo, ahora se podría decir que los pilares "se desglosan" o, con palabras más pedagógicas, que los huesos grandes se cambian por huesos pequeños. Que el "húmero" se cambia por "falanges". Los huesos pequeños sustituyen a los huesos grandes, aumentando su ligereza pero también su cantidad cuando de soportar la misma carga se trata, o hay otras razones para ello. Más pilares, pero más finos. La sala hipóstila recupera actualidad, aunque abandonando el orden claro de la geometría clásica. El bosque *versus* la sala hipóstila como nos propone tantas veces Kazuyo Sejima. La Arquitectura, como los pájaros, cambia el tamaño y la cantidad de sus huesos para remontar el vuelo. Esperemos que no le suceda lo que a Ícaro.

FOSTER, PIANO Y ROGERS

La Torre Hearst[1] de Norman Foster, en Manhattan, asoma orgullosa su cabeza de 182 metros de altura desde su posición privilegiada junto a Columbus Circle. Su fachada de rombos, que es pura estructura, emerge reconocible sobre el resto de los otros edificios.

Pero lo que más nos interesa es que parte de una idea clara, la de que la estructura es lo primero. No se trata de un mero cambio formal, sino que es la consecuencia de utilizar una estructura diferente que mejora las condiciones de una convencional. Su estructura aparece racionalmente desglosada, elaborada con más piezas que se llevan todas a fachada. Logra ser más ligera a fuer de más racional. Se diría que es como un manifiesto de lo que se analiza en este texto. Una estructura que cambia los grandes huesos por otros de menor tamaño que, además, se llevan a fachada. Y que adoptan una forma menos convencional, romboidal en vez de ortogonal, en aras de una mayor eficacia estructural.

Claro que también la postura contraria puede ser válida. Tras desglosar estructura y cerramiento se puede llevar la estructura más adentro y dar más libertad a la fachada. Gran parte de la Arquitectura contemporánea lo ha hecho así. Pero si esa estructura exterior se resuelve de manera desglosada, con barras y con formas geométricas que respondan a una mayor lógica estructural, bienvenida sea a la fachada.

Cuando se habla de la "desaparición de la fachada" se habla de un imposible. Salvo que llegue el día en que vivamos en una nube transparente invisible construida con aire. Sin embargo sí es posible, por razón del acero, desglosar los elementos portantes del cerramiento, de la piel. Se pueden llegar a conseguir así fachadas de extraordinaria ligereza, como la propuesta por Mies para su ligerísimo Rascacielos de Cristal de hermosas curvas de 1922.[2]

Pero si hablamos de estructuras desglosadas y llevadas a fachada, no podemos no hablar aquí del Centro Pompidou[3] en París, de Piano y Rogers, de un ya lejano 1977. Toda la fachada es estructura.

Porque ¿qué es el Pompidou sino una operación de aligerar la estructura, apostando por unas cerchas tridimensionales de barras que se llevan con lógica aplastante a la fachada? ¿No se podría considerar como un manifiesto de este desglose de los huesos de las estructuras?

El artefacto de Piano y Rogers resiste el paso de los años. Y además de cumplir a la perfección con las funciones previstas, fue capaz de dar a París una imagen nueva que recuperó por un tiempo para la capital francesa su liderazgo arquitectónico. No se equivocaron Jean Prouvé y Philip Johnson cuando, como jurado, eligieron aquel proyecto de Piano y Rogers.

ESTRUCTURA

Está bien clara la importancia de la estructura en la Arquitectura. El proyecto es la estructura, y la estructura es el proyecto. La estructura que no sólo transmite las cargas de la gravedad al suelo sino que, sobre todo, establece el orden del espacio.

La buscada "unidad del hecho arquitectónico", que es inherente a cualquier creación artística, no trata de la uniformidad ni de la simpleza. Una Arquitectura puede ser muy compleja y a la vez unitaria. La Estructura y la Construcción en un edificio son tan importantes como la "disposición" de las partes a la hora de concebirlo. Se trata de que en la Idea del Proyecto, desde su concepción unitaria, intervengan todos los temas. No podría ser de otra manera.

En nuestra Escuela de Arquitectura de Madrid, se nos enseña no sólo a concebir las estructuras sino también a calcularlas. Y entiendo que es muy importante para un arquitecto el conocer a fondo las estructuras. No me cansaré de insistir en que no se puede concebir la arquitectura desde sólo la forma, esperando que vengan otros detrás a hacer que se aguante, como si de un ejercicio de ortopedia se tratara. La estructura no sólo es una cuestión de transmisión de las cargas al suelo, es, fundamentalmente, el establecimiento del orden del espacio.

Por eso cuando se habla de Elefantes y Pájaros, de muchos huesos pequeños frente a pocos huesos grandes, no sólo se intenta hacer una reflexión meramente estructural, sino que es básicamente proyectual.

MIES

Cuando Mies Van der Rohe, tanto en la Casa Tugendhat[4] como en el Pabellón de Barcelona,[5] construye sus pilares cruciformes y brillantes, como espejos, no hace más que materializar su denodado intento de que los pilares desaparezcan a base de reflejos, se esfumen. Para que el plano superior, el techo, flote. Claro que Mies siempre trabaja sus estructuras con huesos, con pilares completos, con precisos perfiles laminados perfectos, con soldaduras que quieren desaparecer. Él, que se pasó la vida haciendo Arquitectura con mayúsculas, con huesos mayúsculos, con perfiles atléticos, no dejó de perseguir en otros momentos algo de lo que hablamos.

En la Arquitectura contemporánea aparece cada vez con más fuerza la idea de cambiar los huesos grandes por más huesos más pequeños. En el pasado la Arquitectura había transmitido las cargas de manera directa, con estructuras continuas que, como la piedra y el ladrillo, trabajaban básicamente a compresión. Solo la madera, aun con sus problemas de durabilidad y conservación, podía trabajar de otra manera.

HISTORIA

Al final del periodo gótico también se produce un cierto fenómeno de este desglose. Recientemente ha aparecido un libro de Antonio Mas Guindal, Profesor Titular de Estructuras de la Escuela de Arquitectura de Madrid, con el sugerente título de *Cuando las Estructuras no se calculaban*. La misma portada ya nos muestra dibujos de cresterías góticas en piedra, auténticos encajes que parecen imposibles. Los góticos aligeran sus estructuras por arriba no sólo para perder peso allí, sino para tomar más y más luz de lo alto. Pero en cualquier caso, si de huesos se tratara, convierten los húmeros en falanges. Cambian pocos húmeros por muchas falanges.

Cuando a principios del siglo pasado aparecen algunas estructuras compuestas, de acero, se conciben generalmente para construcciones de tipo industrial o para grandes puentes. Para salvar luces mayores. Y se llegaba a las estructuras compuestas, en celosía, por motivos directamente de economía y de lógica y de viabilidad técnica. Toda la bellísima arquitectura industrial y los puentes de aquel tiempo, son testigos de esta descomposición lógica de la estructura.

TECNOLOGÍA

Claro que la tecnología tiene que ver con todo esto, y mucho. Para hacer las primeras estructuras compuestas se confían las uniones a los roblones y bulones, a los tornillos y a las tuercas. Más adelante ya se pudo confiar en la soldadura. Mies, como no podía ser menos, trabajó ya con uniones soldadas.

Y lo que en aquellos primeros puentes y edificios industriales en acero, se hacía por razón sólo de economía, ahora se hace por razones también espaciales, a la búsqueda de una mayor ligereza o de una mayor penetración de la luz.

TEMA CENTRAL FORMAL

En la Arquitectura, en general, nunca como hasta ahora se había planteado este cambiar los huesos grandes por más huesos más pequeños. Sustituir las potentes vigas de acero laminado de una pieza por perfiles compuestos vistos como lo más natural. Y hacer gala de ello. Incluso, convertirse en el tema central formal.

Cuando Alejandro de la Sota en los años sesenta construye el Gimnasio Maravillas[6] en Madrid, no sólo resuelve la cubrición de la luz de la gran sala con una estructura compuesta, siguiendo la forma de la catenaria, sino que "ocupa esa estructura". Se atreve a ubicar las aulas entre las vigas que, para colmo, deja vistas. Algo de premonición de este desglose de la estructura latía ya en ese edificio.

Finalmente serán personajes del panorama internacional como Fuller quienes plantearán directamente, y por razones claras de economía, la utilización generalizada de esas estructuras de barras, de huesecillos.[7]

Como pasar de los elefantes a los pájaros.

DE ELEFANTES Y PÁJAROS

Cuando alguna vez ustedes han comido algún pájaro bien cocinado han constatado lo molesto que es, para limpiarlo, un animal con tantos huesecillos, por muy sabroso que sea. Y aunque ustedes no hayan comido nunca elefante, yo tampoco, pueden suponer que la carne vendría a la mesa sin el hueso. Aunque después comparemos la belleza del vuelo de los pájaros con la torpeza de los andares del paquidermo.

Les invito a que analicen los esqueletos de los elefantes[8] y de los pájaros,[9] después de ver imágenes del perfecto esqueleto humano.[10] Son esculturas maravillosas de un artista muy sabio en las que el tamaño de los huesos va siendo menor conforme nos acercamos a las extremidades.

Claro que los pájaros tienen que volar y los elefantes no. Claro que los pájaros tienen que transmitir las cargas de la gravedad directamente sólo cuando se posan. Cuando vuelan, las fuerzas que actúan son más complejas. Y cuando los pájaros andan, lo hacen a brincos, como danzando.

La arquitectura contemporánea, cuando construye espacios de grandes luces, ya sea en horizontal o en vertical, cuando construye "elefantes", desglosa sus estructuras por razón de la economía y de la estabilidad. Con el espíritu de los "pájaros".

Así los puentes que salvan grandes luces con cargas pesadas, se suelen resolver con estructuras compuestas, ya sea con grandes celosías o con potentes cables de acero capaces de soportar enormes tensiones.

Y también las torres más altas, que por efecto del viento pueden ser consideradas como grandes vigas en voladizo en relación con el globo terráqueo. Sus estructuras tienen, no les queda más remedio, que ser compuestas.

LA ESTRUCTURA ES LA CLAVE

Cuando hablo a mis estudiantes de la importancia de la estructura, del esqueleto, les pongo un ejemplo que no se les olvida jamás. Les digo que si Halle Berry, la actriz americana, está estupenda, que lo está, es porque antes de todo tiene un esqueleto perfecto, que lo tiene, una estructura perfecta. Su estructura, su esqueleto, ha establecido desde el primer momento un perfecto orden del espacio corporal, que luego ha sido completado convenientemente. Todos sonríen pero a ninguno se le olvidará ya en la vida la importancia de la estructura en la Arquitectura.

Un elefante no puede tener huesos pequeños, delicados. No puede tener el esqueleto de un pájaro. Ni un pájaro puede tener los potentes huesos de un elefante. Se debe pensar en cómo a lo largo de la construcción de un edificio se pueden cambiar muchos elementos como una puerta o una ventana, o un material o un color, o una textura o un detalle. Pero lo que no se puede ni se debe, es cambiar la estructura. No se puede pretender a algo que ha nacido elefante ponerle los huesecillos de un pájaro. Ni tampoco lo contrario.

Si tuviéramos que citar a algunos de los arquitectos contemporáneos que en muchas de sus obras usan más huesecillos que huesos hablaríamos de Foster o de Piano. Foster, siguiendo al pie de la letra los consejos de Fuller cuando le inquiría: *"How much does your building weight, Mr. Foster?"*.[11] O Renzo Piano, que a falta de un Fuller que le riñera, parece seguir puntualmente la prescripción *"omit needless words"* de W. Strunk y E.B. White en su libro *The Elements of Style*, que tan bien conocen todos los escritores en inglés, y que debieran conocer y practicar todos los arquitectos.

Pero es quizás Kazuyo Sejima, SANAA, quien de manera más provocativa plantea esta cuestión en algunos de sus últimos edificios. Tanto en el Park Café como en los proyectos de Yokohama y de Naoshima o en el Centro Rolex[12] de la EPFL de Lausanne. Hay una muy interesante Tesis Doctoral de J. Jaraiz donde se estudia este espacio Parque de Sejima frente al espacio hipóstilo tantas veces usado en la historia de la arquitectura.

ADENDA

En algunos de mis últimos proyectos, cuando ha habido razones claras para ello, he tratado de aplicar este sistema de hacer más ligera la estructura, de cambiar los huesos por huesecillos, pocos húmeros por muchas falanges.

Como en la primera solución del Centro de Interpretación del Paisaje en las Salinas de Janubio[13] en Lanzarote. El edificio "volaba" sobre la fuerte pendiente existente, por lo que se resolvía la estructura en voladizo con unas grandes cerchas trianguladas. Con mucha altura, 6 metros, suficiente para alojar en su interior las funciones pedidas, diagonales incluidas. El regalo era un gran espacio bien tensado por la estructura y la luz, donde aquellas barras diagonales daban una especial cualidad cuando uno se movía entre ellas. Como no podía ser menos, la estructura era la protagonista del espacio.[14]

Finalmente las ordenanzas nos cambiaron el sitio por otro completamente plano y el proyecto debió cambiar. En el nuevo proyecto, todo él asentado sobre ese plano, no tenía ningún sentido repetir la solución estructural de aquel gran voladizo que la solución anterior reclamaba.[15]

En el espacio de *Porta Milano* para el Aeropuerto de Malpensa, proyectado con el arquitecto portugués Paulo Durao, planteamos una estructura etérea paralelepipédica compuesta de huesecillos pintados de blanco. Una doble piel, una por fuera y otra por dentro, ambas de

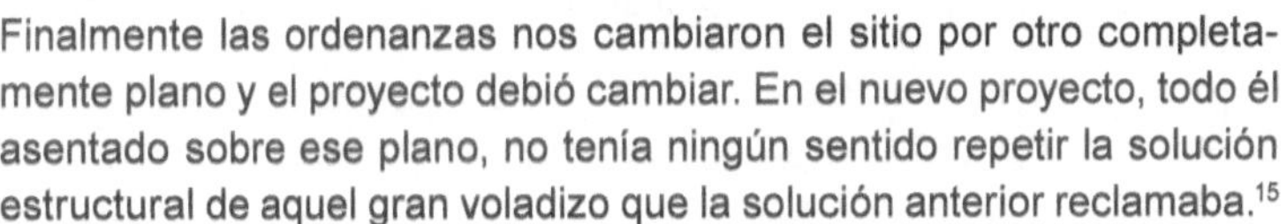

vidrio traslúcido laminado, resolvía el acondicionamiento tanto respecto a la estanqueidad como al factor térmico. Unas perforaciones ordenadas en la lámina traslucida que une los vidrios, tanto en el exterior como en el interior, permitían el paso de la luz sólida perforando el espacio de luz traslúcida. Los rayos del sol atravesando la gran nube que era aquel gran espacio interior. Todo esto, tan claro, se basaba en una estructura tridimensional de pequeñas barras pintadas de blanco que, entre las dos pieles traslúcidas, se difuminaba adecuadamente.[16]

Similar solución de doble piel traslúcida abrazando una estructura ligera de pequeños pilares blancos, es la que planteamos en el primer proyecto para la pieza de ingreso al MIA, el *Museum of Italian Art* para los Olnick Spanu en Nueva York. Una pieza cúbica de 10x10x10 metros, semienterrada, de la que la mitad superior emergente era medio cubo traslúcido que daría una muy especial luz y cualidad a ese espacio. Para levantar ese medio cubo traslúcido se construía una estructura ligera de delicados pilares blancos. Una estructura de huesecillos. Esta estructura llevaba una doble piel de vidrio laminado donde el butiral era traslúcido. La piel exterior, con carpintería, resolvía los temas de estanqueidad y control térmico. La piel interior era más delicada en su construcción al estar ya resueltos aquellos problemas. Ambas pieles tenían perforaciones transparentes en el butiral, muchas y pequeñas, de manera que cuando pasaba el sol, el espacio traslúcido interior era atravesado por los rayos de la luz solida, cuyo movimiento, por la escala, llegaba a hacerse visible. Lográbamos así un espacio de luz difusa atravesado por luz sólida en movimiento. Una nube atravesada por el sol.[17]

FINALE

¿Aligerar las estructuras? ¿En busca de la levedad perdida? En Arquitectura se trata siempre de hacer las cosas con sentido. Si este buscar la levedad estructural se hace por algo, ¡bienvenida sea! En nuestro Museo en Nueva York había claras razones para elaborar la caja de vidrio traslúcido con una estructura ligerísima. La más ligera que podíamos construir. No sólo buscábamos una mayor ligereza sino a la vez una mayor luminosidad. Y a la vez intentar que la estructura se disolviera en la bruma que habíamos construido de la mano de la geometría y del vidrio traslúcido.

Las estructuras del futuro serán más ligeras. Claras en su concepción y sencillas en su construcción. Perfectas en su ejecución, y resistentes y sencillas en su mantenimiento. La estructura volverá a ser, como lo ha sido siempre a lo largo de la historia, tema central y clave de la propia Arquitectura. La estructura que establece el orden del espacio.

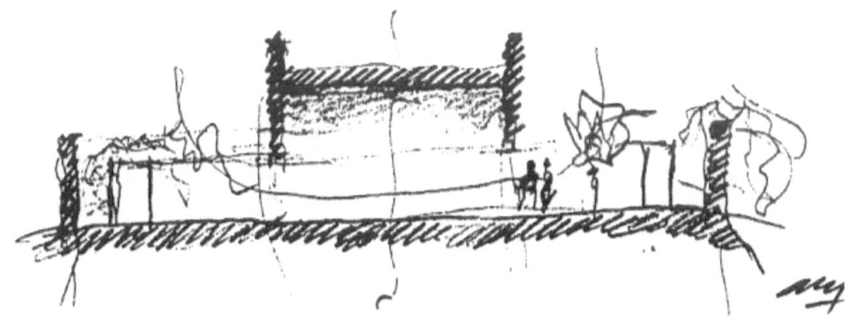

LA ARQUITECTURA COMO ARTEFACTO

De la relación de la arquitectura con la naturaleza

Intento ahondar aquí en cómo la Arquitectura es algo artificial, un artefacto, un arte facto con y desde la razón.

De cómo la Arquitectura irrumpe siempre en la Naturaleza y se coloca en ella como un artificio, como un artefacto. Dialogando con la Naturaleza y poniéndola en valor cuando la Arquitectura merece la pena. Pero nunca, jamás, imitándola ni fundiéndose camaleónicamente con ella. La Arquitectura nunca debe copiar miméticamente a la Naturaleza, aunque aprenda de ella y dialogue con ella, aunque a veces se inspire en ella.

Por otra parte, la Arquitectura se construye con materiales procedentes de la Naturaleza. En los tiempos pretéritos, con materias primas tomadas directamente de aquélla, como la piedra o la madera. Posteriormente, con la cerámica o el hierro, fruto de una primera elaboración de elementos que la misma Naturaleza nos da. Y en nuestro tiempo, con materiales que son el resultado de una elaboración más sofisticada de elementos siempre procedentes de la misma Naturaleza. El vidrio transparente plano o el acero, tienen su origen en la Naturaleza, pues proceden de la fusión de las arenas o de la transformación de los minerales de las montañas.

Pues esta indisoluble relación de la Arquitectura con la Naturaleza, ya sea en su inserción en ella, o ya sea en su transformación, no nos puede llevar nunca a no entender bien que la labor de los arquitectos es la creación de algo artificial.

"La Arquitectura no es parte de la Naturaleza, ni siquiera la mejor, la más exquisita. Y menos aún es su reflejo, lo que finalmente llevaría a una burla de la ley de la identidad. Con una libertad estremecedora la Arquitectura se instala en un campo de acción interpretando la Naturaleza".

Estas palabras de Osip Mandelstam en las que hemos cambiado el término Poesía por Arquitectura, parecería que están dichas para muchos de los arquitectos que hoy discurren por el mundo haciendo lo contrario. Si no se habla de naturaleza, o de sostenibilidad, o no se plantan vegetales en los edificios, estos arquitectos que se dicen modernos, no se quedan tranquilos. Se parecen a los dueños de los restaurantes orgánicos que han proliferado en todo el mundo en estos últimos años. Todo lo que no es orgánico, dicen ellos, mata.

La Arquitectura ha sido, es y será siempre artificial. Artefacto, arte hecho. Artificial y artefacto son palabras más que adecuadas para encuadrar aquello de lo que la Arquitectura trata. Hacer algo que es producto de la Razón, del pensamiento del hombre. Y esto es algo muy diferente de lo que la Naturaleza nos propone. Aunque dialoguemos con ella. Aunque amemos profundamente la Naturaleza. Porque toda Arquitectura que se precie establece una relación perfecta con la Naturaleza. Desde la Villa Rotonda de Palladio a la Ville Savoye de Le Corbusier. Pero si esto no les basta incluiremos en nuestra próxima bibliografía para estos arquitectos el tratado *De rerum natura* de Tito Lucrecio Caro. Pero eso sí, sobre la misma mesa, una imagen del Panteón de Roma.

La Naturaleza tiene sus propias leyes, eternas e ineludibles, que vienen desde la creación del hombre, desde Adán y Eva. Dios les puso en aquel Paraíso, y tras comer de la manzana, construyeron su primera arquitectura con las hojas del árbol con las que se cubrieron. Las tablas de Durero,[1] en el Museo del Prado, son una maravillosa imagen de ese momento. Alguna vez he contado a mis alumnos una historia inventada pero creíble. Que esas hojas y ramas con las que Adán y Eva se cubrieron, eran del mismo roble del que, siglos más tarde, el abate Laugier tomará las ramas con las que construir su cabaña primitiva, tal como nos muestra un conocido grabado.[2]

Pero está claro que la cabaña primitiva había sido construida mucho antes. Uno puede incluso pensar que el mismísimo Adán, harto de la cueva que en el primer momento le sirvió de refugio, con una cierta idea nómada de libertad, habría sido el primero en construir una cabaña y elegir el lugar donde vivir. Esa operación tan arquitectónica de la elección del lugar, que no es más que un reflejo de la más alta cualidad humana: la libertad.

El hombre, desde siempre, ha impuesto un cierto orden a la naturaleza. Cuando pasamos junto a grandes extensiones plantadas de olivos o de viñas trazadas a cordel sobre una implacable geometría que se ciñe bien a la topografía, lo que contemplamos es la naturaleza ordenada por el hombre. El mismo orden que el arquitecto establece al trazar racionalmente las ciudades, desde la trama romana,[3] hasta la eficaz retícula de Manhattan.[4]

En ningún caso se puede hablar de destrozar la naturaleza. Muy al contrario, se trata de establecer una relación adecuada, lógica, entre el hombre y la naturaleza de la mano de la razón.

Y también de la mano de la razón, el hombre, el arquitecto, elegirá los materiales adecuados para la construcción de esas primeras arquitecturas. Y lógicamente los materiales saldrán de la propia naturaleza. Serán la misma naturaleza manipulada, transformada. Claro que los materiales que usamos hoy día proceden también de la naturaleza, en este caso más transformada que manipulada.

El hormigón y el acero más sofisticados proceden de la naturaleza. El artificio, la tecnología, no hace más que transformar la naturaleza por mor de la cabeza del hombre, de la razón. Y el vidrio, ese milagroso material que concede la transparencia absoluta y que deja pasar los rayos del sol sin tocarlo ni mancharlo, como un milagro, proviene de la sílice de las arenas de los ríos o de los mares. La misma arena que acaricia nuestros pies desnudos en las playas. Vidrio, acero y hormigón: los tres materiales más modernos, que han hecho posible la Arquitectura contemporánea, proceden, lógicamente, de la naturaleza.

NATURALEZA

Hay ahora una cierta corriente de arquitectos que quieren entender, vano intento, que Arquitectura y Naturaleza son lo mismo. Y se disfrazan, ellos y su arquitectura, de plantas. Unas veces hacen jardines verticales en las paredes medianeras de los edificios. Otras cubren de plantas las azoteas con lo que llaman "cubiertas vegetales". Como si no hubiera tierra suficiente en el mundo para plantar. Y otras cubren el edificio por completo de vegetación. Azoteas y paredes y lo que sea, incluso a ellos mismos, como si de un uniforme de camuflaje para una guerra inexistente se tratara. Todo *contra natura*, todo difícil, todo caro, todo con problemas de mantenimiento. Y todo demagógicamente popular.

Si se hojean las revistas de Arquitectura de estos últimos años se verá que están repletas de este tipo de cosas. Y todavía más, la llamarán "arquitectura sostenible". Sostenible con un esfuerzo económico enorme.

Otra cosa distinta de este forzar la Naturaleza con la pretensión de llamarla arquitectura es el dialogar con ella. Porque ese dialogar con la Naturaleza es lo que siempre ha hecho muy bien la buena Arquitectura.

La Villa Rotonda,[5] empezando por la elección del lugar topográficamente adecuado, hasta sus últimos detalles materiales y formales, es un canto a la Arquitectura en su relación con la Naturaleza: presidiéndola, referenciándola, poniéndola en valor, dialogando con ella.

Y lo mismo se puede decir de la Casa Farnsworth de Mies van der Rohe. La transparencia y continuidad espaciales allí resueltas se plantean por estar precisamente inmersa en un bosque maravilloso que se convierte en protagonista de esa operación. Los pilares equidistantes establecen el orden del espacio aportándole escala y ritmo. Se diría que son casi una abstracción de los árboles de ese bosque, filtrada y racionalizada por el arquitecto. La plataforma elevada a la altura de los ojos, cual si de una balsa se tratara, deja pasar por debajo a la Naturaleza. La absoluta transparencia de sus grandes vidrios hace que la operación sea perfecta. No se le hubiera ocurrido jamás a Mies hacer una cubierta vegetal "para fundirse mejor" con esa Naturaleza circundante.[6]

Luis Barragán levanta la casa Gilardi[7] alrededor de una jacaranda cuyas flores moradas ponen el contrapunto adecuado a las paredes de color rosa, rojo y azul. Sublime. Poniendo en valor la Naturaleza de la manera más lógica y delicada. Tanto, que nos será difícil desligar la imagen de esa casa de la del árbol. Tan integrado está.

Cuando Le Corbusier sube un árbol a la cubierta de Ronchamp,[8] y hace que le hagan una foto que ya nunca pudo destruir, no hace más que mostrar esa tentación naturalista. Visto el resultado, eliminó inmediatamente el árbol de aquella cubierta. Tan *contra natura* era.

Y es que la Naturaleza, el diálogo con ella, ha sido siempre fuente de la Arquitectura. No en vano San Agustín, platónico de pro, decía que *"la Naturaleza es la mayor maestra de la verdad"*.

TENSEGRIDAD

Y si discutimos de mecanismos artificiales de la Arquitectura, podríamos detenernos en el fenómeno de la tensegridad, que está siendo aplicado por algunos arquitectos a sus estructuras. En Arquitectura, quizás porque ésta *"mira a la Naturaleza y no se mira en la Naturaleza"*, un fenómeno así no tiene por qué ser siempre aplicado. O como algunos pretenden, ser la salvación desde el punto de vista estructural y formal, de una posible nueva arquitectura. Si no, acabaremos viviendo como Cenicienta, en calabazas, esperando que venga el hada madrina a convertirlas en carrozas.

Debo reconocer que las estructuras tensigríticas son maravillosas. Les recomiendo un libro bien claro sobre *Tensegridad*[9] de Valentín Gómez Jáuregui. Tras su lectura se entienden a la perfección este tipo de estructuras. Así como el interés de sus posibles aplicaciones en Arquitectura. Pero de ahí a convertirlas en *"bálsamo de Fierabrás"* va un abismo. ¿Se imaginan ustedes durmiendo en un colchón tensigrítico? Hagan la prueba y luego hablamos.

Comprender a fondo los fenómenos, entenderlos bien, no lleva necesariamente a aplicarlos a todo. Como, todavía más simple, cuando admiramos la estructura plegable, flexible, retráctil y ligera de un paraguas. No se les ocurre a los arquitectos generalizar este tipo de estructura. Porque todo va bien hasta que una ráfaga de viento le da la vuelta a nuestro paraguas y lo rompe. Volvemos a comprar otro, y vuelta a empezar.

Y volveremos a hablar aquí una vez más de lo estereotómico y lo tectónico en Arquitectura. Igual que considerar todo estereotómico nos haría volver a la cueva, convertir todo en tectónico podría llevarnos a acabar como la tortuga, el más lento de los animales, pero eso sí, con la casa a cuestas.

ESPEJO

Hay un proyecto maravilloso construido por un joven arquitecto paraguayo, Solano Benítez, que es la tumba para su padre,[10] en medio de la selva. Con una intensidad y una fuerza tremendas.

Para ello trabaja con un simple muro de hormigón visto y con un espejo. Nada por aquí, nada por allá. Colocado todo entre los árboles, en un claro del bosque, de tal manera, con tal precisión, que todo desaparece, o parece que desaparece.

Cualquiera diría que ha querido traducir con su arquitectura el epitafio del poeta John Keats: *"Aquí yace alguien cuyo nombre fue escrito en el agua"*. Porque eso es lo que queda, nada o casi nada. O mejor dicho, casi todo. En medio de la Naturaleza, pero eso sí, todo artificial y bien artificial. Como lo es la arquitectura.

El espejo es producto del ingenio asombrado del hombre. ¿Imaginan ustedes la envidia que sentiría Narciso, que se miraba en el agua del estanque, ante el inventor del primer espejo? La tecnología actual hace posible que, todavía más, los espejos sean perfectos y duraderos.

Y de igual manera con el hormigón, que también es perfectamente controlable. El hormigón que es la materialización de la permanencia. De la eternidad. El espejo que es la materialización de la nada. De la fugacidad. *Tempus fugit.*

Pues aquí Solano Benítez maneja el muro de hormigón y el paramento de espejo con la misma eficacia con la que lo hacen las palabras en un poema. Y aparece entonces, con ese casi nada, la mejor Arquitectura. ¿No está claro así que la Arquitectura es artefacto, Arte Facto?

ADENDA

Quizás sea la Casa Gaspar[11] mi obra más difundida. Su imagen más reconocible muestra un patio y una alberca y un limonero enmarcados por unas tapias blancas que entran y salen del interior logrando un espacio muy hermoso. Tras los muros asoman las copas de unos pinos que ponen el contrapunto justo a la escena. Creen algunos entonces que la casa se cierra a una Naturaleza circundante pura. Porque la casa aparece cerrada. Y lo es tanto que cuando escribo sobre ella la llamo *hortus conclusus*. La realidad es que la Naturaleza circundante está llena de casitas construidas que no son especialmente acertadas.

La exigencia por parte de la propiedad de una absoluta privacidad llevó a la solución dada con patios cerrados, uno anterior y otro posterior.

Con la entrada, con una única puerta central, a través del patio de delante. Y en ambos patios se plantaron dos limoneros lunares. El espacio central de estancia se abre a esos patios por sus costados con grandes ventanales, que hacen que el espacio dentro y fuera sea el mismo.

La casa es emocionante y transmite una gran paz y una gran calma. Pero si se echaran abajo las tapias aparecerían bajo las copas de los pinos aquellas casitas circundantes nada agraciadas, en un paisaje donde la Naturaleza ha sido casi insultada.

En definitiva: lo que hicimos fue artificial, como lo es la Arquitectura misma. Creamos un paisaje interior con un diálogo preciso con la Naturaleza que se ha demostrado eficaz. Claro que no se nos ocurriría proponer esta tipología en un paisaje abierto de horizonte lejano, como hemos planteado en otras casas.

Y de la misma manera que en la Casa Gaspar, en el proyecto para la ciudad de Zamora[12] hemos desarrollado estrategias parecidas. Frente a la catedral, un edificio en piedra testimonio de su tiempo, decidimos responder con un lenguaje conocido aunque con composición diversa.

Hemos levantado una gran caja de piedra abierta al cielo, fuerte, rotunda, con sillería de grandes dimensiones. Creamos así un paisaje artificial intramuros. Artificial y hermoso. Y tras esos grandes muros, construimos una caja transparente con los mayores vidrios que permite la tecnología actual. Y a través de algunos grandes huecos, estratégicamente perforados en los muros de piedra, ponemos en valor el paisaje circundante, en este caso la ciudad en torno a la Catedral.[13]

Claro que la Arquitectura que hemos hecho allí, el *hortus conclusus*, es artificial. Y no lo será menos cuando en ese patio crezcan los grandes árboles que hemos plantado. Como lo hicieron los limoneros de la Casa Gaspar.

Con ese mismo espíritu construimos en su día el Centro BIT[14] de Mallorca o la reciente Casa Moliner[15] en Zaragoza. Frente a un entorno inadecuado, creamos un paisaje artificial nuevo.

Como un amigo mío, buen arquitecto y mejor observador, me dijo: *"¿te has dado cuenta de que en todas estas obras tuyas que tú llamas*

*artefactos, dentro de las cajas abiertas al cielo, en todas, has planta-
do árboles?"* Tiene razón: en el Centro BIT de Mallorca y en la Casa
Guerrero y en el patio de atrás de Caja Granada, planté naranjos. En la
Casa Gaspar, limoneros. En la Casa Moliner parras, jazmines y abedu-
les. Y en Zamora grandes castaños, tilos, arces y cipreses.

Arquitectura y naturaleza se llevan más que bien, dialogan, pero nunca
se fundirán ni se confundirán. Sería no haber entendido nada.

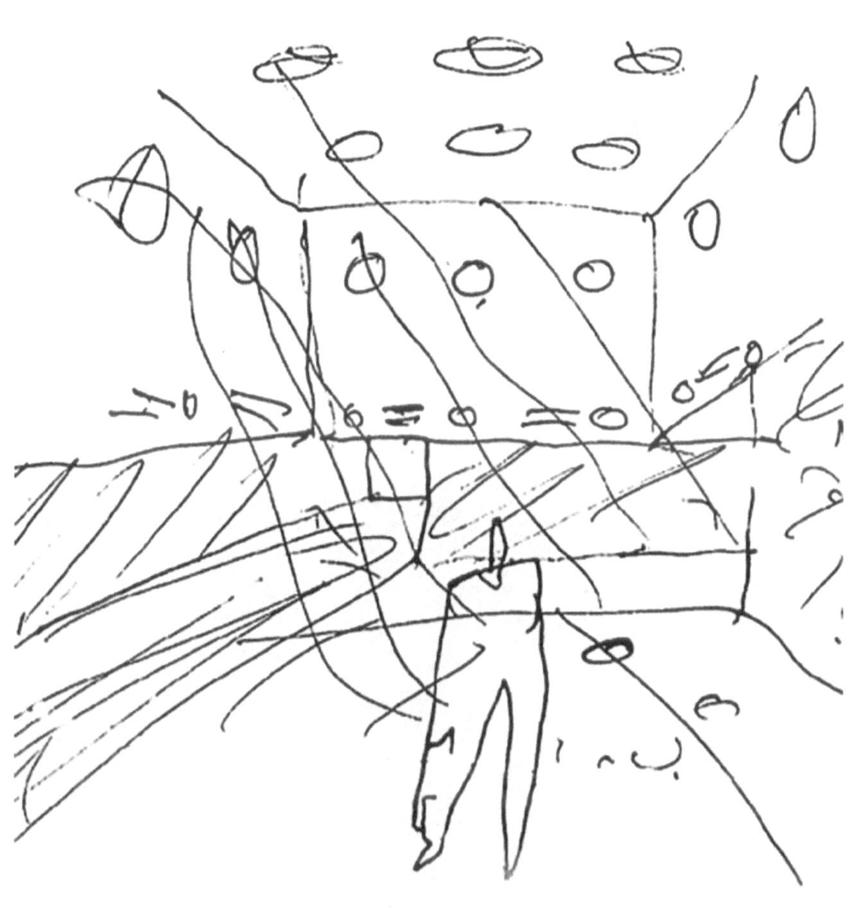

LA SUSPENSION DEL TIEMPO

Sobre el Tiempo. De la inefable detención del tiempo

Quiero analizar en este texto el por qué algunos espacios arquitectónicos son capaces de producirnos una conmoción interior tal, una suspensión del tiempo que, aunque pudiera parecer algo abstracto, o un tema más propio de la Poesía o de la Filosofía, se produce con una fuerza especial, real, palpable, sólo cuando de la Arquitectura se trata. No en vano la Arquitectura es la única creación artística que nos envuelve de manera física, en la que entramos y en la que nos movemos. Cuando estamos en esos espacios que verdaderamente merecen la pena, el tiempo parece detenerse, suspenderse. Y se llega a tocar el tiempo con las manos.

Nadie podrá negar la emoción profunda, la suspensión del tiempo que se siente cuando se entra en el Panteón[1] de Roma. Allí el tiempo se detiene y nos conmovemos. Yo he llorado cada vez que he vuelto. Tengo un trato con mis alumnos desde hace muchos años. Cuando visitan el Panteón deben escribirme una postal, una *cartolina* con la imagen del interior, diciéndome si han llorado o no. Todos los que me han escrito han llorado. Guardo una buena colección.

Pues este tiempo, el tiempo que los poetas, los músicos y los filósofos tan bien expresan, es el mismo tiempo que quiere atrapar la creación arquitectónica. Este tiempo es tema central de la Arquitectura.

Burnt Norton es el primero de los *Four Quartets*, una de las obras clave de T.S. Eliot. En sus 6 primeras líneas, Eliot utiliza hasta 7 veces la palabra tiempo con reiteración sorprendente, para aclarar esta noción.

"El tiempo presente y el tiempo pasado
quizás ambos están contenidos,
el presente en el tiempo futuro
y el tiempo futuro en el tiempo pasado.
Si todo el tiempo es eternamente presente,
todo tiempo es recuperable".[2]

Aunque ya Jorge Manrique de manera inefable lo proclamaba en sus mejores versos:

"Pues si vemos lo presente
como en un punto se es ido
y acabado,
si juzgamos sabiamente,
daremos lo no venido
por pasado.

No se engañe nadie, no, pensando que ha de durar
lo que espera
más que duró lo que vio,
pues que todo ha de pasar
por tal manera".[3]

Y Fina García Marruz, la poetisa cubana lo expresa muy bien en su poema que arranca de la mano de Píndaro:

"Sé el que eres, que es ser el que tú eras,
al ayer, no al mañana, el tiempo insiste,
sé sabiendo que cuando nada seas
de ti se ha de quedar lo que quisiste."

Y podríamos seguir citando a numerosos poetas que han entendido que el tiempo, pasado, presente y futuro, es tema central de la creación artística. De la Poesía y de la Arquitectura.

Nunca olvidaré cuando recién inaugurado mi edificio para la sede central de Caja Granada, en Granada, una de las personas que allí trabajan contaba cómo se emocionó y lloró al entrar por vez primera al espacio central. Allí, en aquel momento, el tiempo se detuvo. Debo confesar que, pasados los años, cada vez que vuelvo a entrar allí me sigue dando un vuelco el corazón. Y más aún si el sol, haciendo de las suyas, se posa y se pasea sobre sus columnas de hormigón o sus paramentos de alabastro.[4]

Los arquitectos deberían buscar los mecanismos propios de la Arquitectura con los que se pueda llegar a ese resultado. Detener el Tiempo y encontrar la Belleza. Encontrar la perseguida Belleza que, en definitiva, es el fin de cualquier creación artística. Y la Arquitectura lo es en grado sumo.

Podríamos hablar de cómo, frente a otras creaciones artísticas, la Arquitectura es la única capaz de envolver físicamente al hombre, su protagonista y su centro. La experiencia de estar físicamente dentro es sólo propia de la Arquitectura.

Y si un espacio construido con la Gravedad, con materiales que tienen un peso ineludible, es tensado por la Luz que construye el tiempo de manera que nos conmueva, entonces podemos decir con propiedad que hemos llegado a la Arquitectura. Sucede cuando en el espacio construido logramos detener el tiempo, cuando parece que el tiempo quedara suspendido.

El tiempo, este tiempo construido por la luz, es tema central de la Arquitectura. Un tiempo capaz de detenerse dejando nuestro corazón en un puño. Mucho más que las formas de la moda pasajera, o los exquisitos detalles de la mejor construcción. La *Utilitas* y la *Firmitas* tienen su pleno sentido cuando se alcanza la *Venustas*.

El tiempo en la Arquitectura puede analizarse desde muchos puntos de vista: El tiempo de la *Utilitas*, el tiempo de la *Firmitas* y el tiempo de la *Venustas*. Y también el tiempo de la Memoria.

EL TIEMPO DE LA UTILITAS. LA FUNCIÓN

Hay un tiempo relativo a la capacidad de hacer duradera la función para la que se levanta un edificio. El tiempo de la función, de la utilidad, de la *Utilitas*. De hacer que un edificio responda bien a la función específica para la que debe servir, que sea capaz de dar respuesta en el tiempo a funciones diversas. Eso que cuando éramos alumnos se nos explicaba como arquitectura de estuches y arquitectura de cajas.

El estuche responde con exactitud a la función pedida, pero no sirve para nada más. El estuche de un cuchillo no sirve para una cuchara, y viceversa. Si se cambia la pregunta la respuesta no es válida. Suele suceder cuando además del carácter específico de la función las dimensiones son ajustadas. Un edificio de viviendas sociales, aunque esté muy bien resuelto, al milímetro, seguramente no servirá para otra cosa.

La caja por el contrario es capaz de admitir funciones muy diversas. Y también es obvio que la mayor dimensión de un espacio hace que pueda albergar un mayor número de funciones distintas que las que serían posibles en un espacio más pequeño.

Les pasa mejor el tiempo a las cajas que a los estuches. Y mejor todavía a las cajas grandes que a las cajas pequeñas. Con razón decía Berthold Lubetkin, el arquitecto de la rampa de los pingüinos del Zoo de Londres, que él no había hecho más que cajas, como cajas de zapatos en hormigón.

EL TIEMPO DE LA FIRMITAS. LA CONSTRUCCIÓN

Hay otro tiempo que habla de la duración física, de la buena conjunción de los materiales que desemboca en la más perfecta construcción de la Arquitectura. De lo firme, de la *Firmitas*. Un edificio bien construido será capaz de durar muchos años, de mantenerse en pie, firme, un tiempo largo. Todos los grandes maestros han sido, además de buenos arquitectos, muy buenos constructores.[5]

EL TIEMPO DE LA VENUSTAS. LA BELLEZA

El tiempo capaz de suspenderse, de detenerse cuando conseguimos alcanzar la Belleza, es el tiempo de la *Venustas*. Es el más difícil de controlar pero es el que más nos interesa.

Todos los tratadistas de Arquitectura pretendieron dar con unas reglas universales que sirvieran no tanto sólo para transmitir unas formas o unos estilos, cuanto para ser capaces de producir la Belleza.

Difícil intento. Al igual que sucede con los muchos y muy buenos libros de cocina con recetas donde se explica con todo lujo de detalles el cómo hacer las cosas. Y no por eso se garantiza la calidad de la cocina. El milagro del plato exquisito se produce cuando detrás hay un buen cocinero elaborando ese plato. Pues igual con la Arquitectura: es necesaria una buena cabeza, una buena mano y ese algo más, nada fácil de conseguir.

EL TIEMPO DE LA MEMORIA. LA PERMANENCIA.

Y otra cosa distinta es el tiempo que la Arquitectura es capaz de permanecer en la Memoria de los hombres. La resistencia al olvido de una obra construida, o dicho de otra manera, su paso a la Historia de la Arquitectura, que tiene poco que ver con la moda inmediata o con la fama pasajera. Muchos de los nombres que hace unos años llenaban las publicaciones de Arquitectura, hoy ya no son nada. Ni sus nombres ni sus obras. El fenómeno, corregido y aumentado por los medios de comunicación está de plena actualidad. Muchos de los nombres que hoy forman parte del *star system* son flor de un día. Nunca quedarán en la memoria de los hombres.

Pero hay otras arquitecturas más calladas que son mucho más elocuentes. Arquitecturas capaces de trascendernos. El intento de cualquier arquitecto debería ser, por encima de las modas y de las vanidades, levantar esa Arquitectura más honda, cara a la Historia, cuyos ritmos son muy otros y que pertenece a la Verdad y a la Belleza en su acepción mas profunda.

Este tiempo de la Memoria, de la permanencia, es aquel *"duro deseo de durar"* (le *dur desir de durer*) del que hablaba poéticamente Paul Eluard, y que tan profundamente enraizado está en la voluntad de todo creador: la voluntad de trascender. Lo que Drummond de Andrade decía con más gracia: *"Me he cansado de ser moderno. Quiero ser eterno."*

Y la Memoria hace que, con el paso del tiempo, seamos capaces de valorar más profundamente las arquitecturas que merecen la pena. En *Guerra del tiempo*, un relato corto, precioso, de Alejo Carpentier, se nos propone un tiempo que se revuelve, que va de adelante hacia atrás. Eso que hace que Don Marcial, a la muerte, a los pies de Ceres, vaya recorriendo, reviviendo su vida al revés, hasta llegar a su concepción, a través de lo que sólo la novela, la imaginación de la mano de la memoria, puede hacer. Frases como *"Los muebles crecían"*, y luego *"cuando los muebles crecieron un poco más"*, o *"ahora el tiempo corrió más pronto"* son trucos de cocina de Carpentier para explicarnos este discurrir del tiempo al revés.

¿No es algo parecido lo que nos pasa frente a las mejores creaciones artísticas, que cuando volvemos a ellas, pasado un tiempo largo de nuestra vida, lo entendemos todo de golpe y nos parecen todavía mejores? Como el Marcial de esa *Guerra del tiempo* ahora leo con más deleite los poemas de Horacio o de Virgilio que cuando lo hacía, obligado, de niño. Antes aprendía y ahora aprehendo. Disfruto. Y ahora, aquí, así, el tiempo parece detenerse.

Pues con la Arquitectura sucede esto de una manera especial. Debo confesar que en mi última visita al Panteón ha vuelto a detenerse el tiempo cuando la mancha de luz recorría, con otra velocidad que no la física, los profundos casetones de su cúpula desnuda. Con mucha más intensidad con la que lo sintiera por primera vez, hace ya tanto tiempo. Pues esa posibilidad de detener el tiempo, de detener el sol como lo hiciera Josué, la tenemos los arquitectos, capaces de crear algo que nos trasciende.

HISTORIA

Hay muchos edificios en la Historia que tienen esa cualidad de hacernos perder la noción del tiempo.

El citado Panteón de Roma es el ejemplo por antonomasia. No sólo cumple a la perfección con su función universal, no sólo está muy bien construido, sino que además es de una belleza aplastante. Así lo han entendido todos los grandes creadores cuando han estado en su interior. Baste como ejemplo citar aquí a Henry James cuando escribe la memorable escena del Conde Valerio, arrodillado dentro del Panteón, con el agua de lluvia haciendo material la luz que viene de lo alto. Hermosísimo. O los grabados de Piranesi sobre el Panteón, que debieran estar en las bibliotecas de todos los arquitectos.[6]

Y si tuviera que poner un ejemplo de arquitectura contemporánea, aconsejaría visitar la torre Burgo[7] de Eduardo Souto de Moura en Oporto. Es impecable en su función, en su construcción y, sobre todo, en su radical belleza. Recorrerla, por fuera y por dentro, lo digo por propia experiencia, es como salirse del tiempo. Y hablo de un edificio claro manifiesto de nuestra época. Esencial.

EL ROTHKO DE LOS OJOS AZULES[8]

Cada vez que entro en la casa de los Olnick Spanu en Manhattan se me encoge el corazón. Frente a mí un cuadro de Rothko, mi pintor favorito, con unas dimensiones y un color poco habituales. El cuadro es pequeño y sus colores, el azul y el verde, en unos tonos tales que te sientes arrastrado hasta el fondo. Un buen amigo mío al que hablo frecuentemente de este cuadro me dice que es *"el Rothko de los ojos azules"*. Y tiene razón. Soy testigo de que allí, frente a ese cuadro maravilloso, el tiempo se detiene, desaparece.

Y es que la Pintura, como la Arquitectura, tiene esa capacidad de atraparnos y de suspender también el tiempo. Como en aquella inolvidable primera visita a Londres, cuando con Sáenz de Oíza, mi querido maestro, me situé frente a la Venus del Espejo[9] de Velázquez en la National Gallery. Desaparecieron allí el tiempo y el espacio y todo anhelo, y en aquel cortísimo lapso infinito estuvimos como en la gloria.

LA MÚSICA CAPAZ DE DETENER EL TIEMPO

Nunca olvidaré cuando Peter Phillips, el director de los Tallis Scholar, en una entrevista concedida a comienzos de la primavera de este año 2011, antes de la actuación de su grupo en Nueva York, con el *Requiem* de Tomas Luis de Victoria,[10] habló de esta suspensión del tiempo.

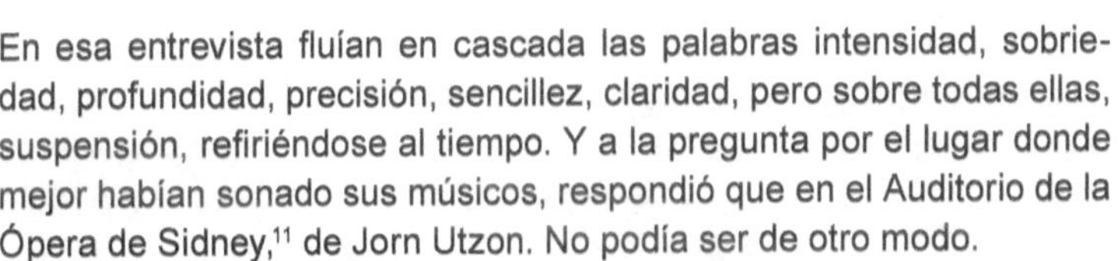

En esa entrevista fluían en cascada las palabras intensidad, sobriedad, profundidad, precisión, sencillez, claridad, pero sobre todas ellas, suspensión, refiriéndose al tiempo. Y a la pregunta por el lugar donde mejor habían sonado sus músicos, respondió que en el Auditorio de la Ópera de Sidney,[11] de Jorn Utzon. No podía ser de otro modo.

Aquel Concierto, todo Tomás Luis de Victoria, celebrando el cuarto centenario del compositor español, tuvo lugar en pleno centro de Nueva York, en una abarrotada iglesia de Santa María Virgen en la calle 46. Fue largo, pero para todos cuantos llenábamos aquella iglesia de Nueva York no duró nada. Todo pasó en un segundo. Allí se detuvo el tiempo de la manera en que sólo la belleza lo hace posible.

Y si hubiéramos de referirnos aquí a un músico contemporáneo, yo citaría a Thomas Newman, el compositor americano autor de *Dead already*.[12] Basta oír esa música para entender de un golpe esta suspensión del tiempo.

SORT OF DISAPPEAR. EL CINE

Y aunque podríamos recorrer todas las creaciones artísticas y descubrir cómo el quid de la cuestión es siempre el mismo, llegar al corazón a través de la cabeza, nos limitaremos a poner un par de ejemplos de cómo el Cine, el séptimo arte, es también capaz de detener el tiempo.

La inolvidable escena de *American Beauty*[13] de la bolsa blanca de plástico flotando en el aire puede ser uno de ellos. Algo tan elemental transformado por obra y gracia de un novel Sam Mendes en una pieza magistral. Todos lloramos con Wes Benley y Thora Birch, ante la belleza suprema de algo tan sencillo. Allí desaparece el tiempo y nuestro corazón se deshace en cinco infinitos minutos.

Claro que todavía mejor lo expresa Billy Elliot[14] en aquel *"sort of disappear"* con el que responde dos veces cuando el tribunal le pregunta por lo que siente cuando baila. ¡Cómo pudo Stephen Daldry resumir con tanta precisión, con tan breve parlamento, algo tan abstracto como la suspensión del tiempo en la creación artística!

-*"What does it feel like when you're dancing?*

Billy: -Don't know. Sorta feels good. Sorta stiff and that, but once I get going... then I like, forget everything. And... sorta disappear. Sorta disappear. Like I feel a change in my whole body. And I've got this fire in my body. I'm just there. Flying like a bird. Like electricity. Yeah, like electricity".

EL MISTERIO DE LA CREACIÓN ARTÍSTICA

Y es que la Arquitectura, la Pintura, la Literatura, la Música, y el Cine, no son más que labores de creación del género humano que nos redimen, y que hacen que esta vida merezca la pena.

Edgar Allan Poe en su *Filosofía de la composición* [15] expresa muy bien esta suspensión del tiempo: *"La verdad requiere una precisión, y la pasión una familiaridad (los hombres verdaderamente apasionados me comprenderán) radicalmente contrarias a aquella belleza, que no es sino la excitación o el embriagador arrobamiento del alma."*

Pues este embriagador arrobamiento del alma es esta suspensión del tiempo de la que estamos hablando.

Nuestras obras pasan entonces a *"trascender la vida material y limitada"*. Aquello que Stefan Zweig en ese texto imprescindible que es *El misterio de la creación artística* [16] proclama con tanta fuerza: *"no hay deleite y satisfacción más grandes que reconocer que también le es dado al hombre crear valores imperecederos"*.

Las obras que merecen la pena nos trascienden, trascienden a sus creadores y no nos pertenecen. Pertenecen ya a la Memoria de los hombres.

ADENDA

He comentado alguna vez la capacidad del espacio central de Caja Granada de conmovernos. Y aunque este detener el tiempo sea una de las razones finales de la Arquitectura, estamos tratando de explicar algo que es inefable. Y esa intención de conseguir esta emoción, está latente desde el primer momento de la génesis de este proyecto.

Y si de conmoción profunda se puede hablar al ver resbalar lentamente la luz sobre las paredes de alabastro de Caja Granada, se podría calificar de asombro luminoso lo que sentimos cuando recorremos la rampa del Museo de la Memoria de Andalucía, también en Granada junto a la Caja. Es una emocionante *promenade architecturale* que bien merece la pena. [17]

En mis casas sin embargo las sensaciones son muy otras. Calma callada en la Casa Gaspar [18] y en la Casa Guerrero, [19] volcadas a sus patios blancos. Transparencia serena posada en la naturaleza en la Casa de Blas [20] en Madrid, en la Olnick Spanu [21] en Nueva York, o en la Casa Rufo [22] en Toledo, oteando el lejano horizonte desde sus podios.

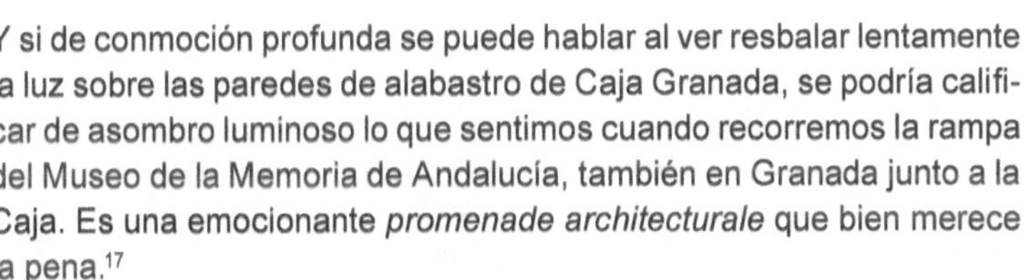

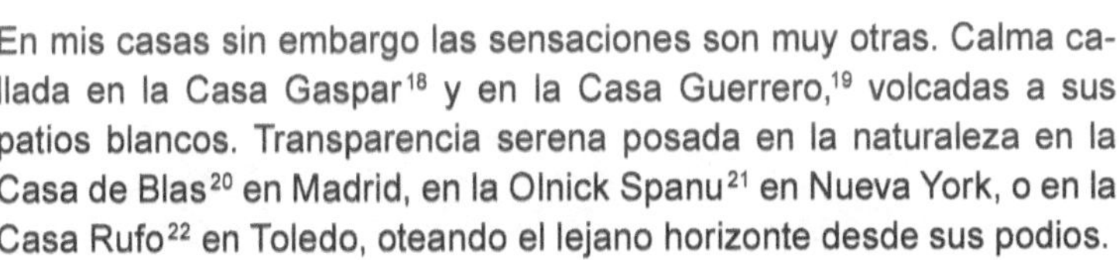

Porque la suspensión del tiempo está más ligada a la lentitud de la luz y al espacio vertical, que a la mayor movilidad de la visión, al espacio horizontal y a la transparencia.

Y en otros de mis proyectos se producen emociones de otra índole. Como en el edificio para el Consejo Consultivo de la Junta de Castilla León,[23] frente a la Catedral de Zamora. Es una caja de poderosos muros de piedra abierta al cielo que nos provoca cuando, tras atravesarla, descubrimos la extrema delicadeza de la caja de vidrio construida en su interior.

La operación es parecida a la que llevamos a cabo hace años en Mallorca en el Centro BIT[24] de Inca. Una caja de piedra, marés por fuera y travertino por dentro, encierra una ordenada trama de naranjos y de pilares blancos que sostienen una sencilla losa que protege la elemental caja de vidrio. Ambos *hortus conclusus*, Zamora y Mallorca, nos golpean a través del contraste entre los fuertes muros de piedra y la tecnología más en punta de sus delicadas cajas de vidrio. Ambos edificios, Zamora y Mallorca, nos llevan a un elocuente silencio.

Y si se me pregunta cuál es el truco o qué receta tengo diré que ninguna. Que procuro volcarme con la cabeza y con el corazón en cada obra que hago. Y dedico una enorme cantidad de tiempo, miles de horas, a cada proyecto. Que intento que mi trabajo se desarrolle a la luz de la Verdad. Aquello que escribía John Keats al final de su *Oda a una Urna Griega:*[25] *"Truth is Beauty, Beauty truth. That is all"*. Sabiendo, ya lo sabíamos de la mano de Platón, que la Belleza es el resplandor de la Verdad.

Paul A.M. Dirac, Premio Nobel de Fisica en 1933, uno de los grandes físicos de nuestro tiempo, también proclama *"Beauty and truth go together in theoretical physics"*. ¿Podrán los arquitectos de hoy día, en vez de elucubrar sobre la vanidad, ponerse de acuerdo con los poetas y con los filósofos y con los físicos para buscar la Verdad e intentar este milagro posible de la suspensión del tiempo?

Le Corbusier, con un lenguaje más sencillo, hablaba del *"espacio indecible"*. Y en otras ocasiones de cómo los edificios *"más útiles"* eran aquéllos que *"cumplen los deseos del corazón"*. Cuánta razón tenía el maestro.

Y si empezamos de la mano de un poeta, T.S. Eliot, terminaremos con otro, William Blake. En sus *Auguries of Innocence*[26] nos propone:

"Ver un mundo en un grano de arena,
y un cielo en una flor silvestre;
sostener el infinito en la palma de tu mano,
Y la eternidad en una hora."

Pues esa eternidad es la que querríamos alcanzar con nuestra Arquitectura

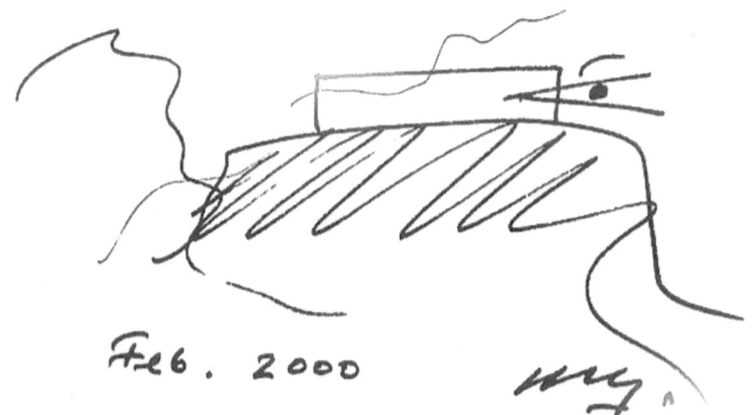

Feb. 2000

INTENSIDAD

Diálogo con Kenneth Frampton

Casi cerrado el ciclo de los *research papers*, escritos en el año sabático pasado en *Columbia University*, Kenneth Frampton me citó una tarde de abril, antes de mi preceptivo viaje trimestral a España. Y mantuvimos un diálogo cuyo interés creo suficiente como para ser transcrito tal como tuvo lugar. Quedamos en el restaurante italiano de *Amsterdam Avenue* al que Frampton suele ir y nos sentamos en la misma mesa de siempre, él con una copa de Riesling, y yo con un café expreso doble.

Aunque la conversación empezó con mis encendidos elogios al concierto al que había asistido unos días antes en el *Avery Fisher Hall* del *Lincoln Center*, con las *Vísperas Solemnes* de Mozart,[1] el *Requiem* de Lauridsen[2] y el *Requiem* de Fauré,[3] pasamos enseguida a hablar de Arquitectura. Y entonces él pronunció la palabra *intensity* como cualidad imprescindible para toda Arquitectura que merezca la pena. Y aunque yo había decidido ya cerrar el ciclo de mis *research papers*, tan interesante me pareció la charla, que tomé la determinación de transcribirla y añadirla como adenda a mis *Principia Architectonica*.

No puedo dejar de reseñar aquí cómo Kenneth Frampton, además de estar en plena forma física y mental, sigue siendo el arquitecto, profesor y crítico más prestigioso e influyente en el mundo de la Arquitectura. No sólo por sus libros, *Modern Architecture: a Critical History*, *Studies in Tectonic Culture*, o *Labour, Work and Architecture*,[4] sino además por su constante labor de dirección de Tesis Doctorales y trabajos de investigación desde su puesto de *Ware Professor* en *Columbia University*. Y por sus múltiples ensayos, introducciones y conferencias. Fue muy significativo el multitudinario homenaje que se le dio el pasado Noviembre con motivo de su 80 cumpleaños. No faltó nadie.

Tras pronunciar la palabra mágica *intensity*, acordamos cómo las tres condiciones deseables para un arquitecto que merezca la pena son: construir obras radicales, ejercer la docencia a fondo y elaborar textos profundos con los que transmitir las razones en las que aquellos trabajos y esta docencia se basan. Ideas, dibujos y palabras, como si de las tres patas de una mesa se tratara.

Y hablamos de la Belleza.

Frampton argumentó, de la mano de San Agustín, sobre la Belleza como esplendor de la Verdad. Tras recordar a Platón en *El Banquete*, de quien San Agustín toma esa brillante imagen, le conté cómo había descubierto en las últimas líneas de la *Ode on a Grecian Urn*[5] de John Keats ese *"Truth is Beauty, Beauty Truth"*. Y le conté del regalo que es en Nueva York el poder comprar libros estupendos y muy baratos en la calle. Y que el último había sido el libro de poemas de Keats donde había hecho ese tan poco original pero maravilloso descubrimiento.

Frampton entonces me recordó cómo el escudo de la AA,[6] la *Architectural Association* de Londres, donde él había cursado la carrera de Arquitectura, estaba adornado con una cinta que rezaba *"Design with Beauty, Build in Truth"*, que de cierta manera resumía todo aquello de lo que estábamos hablando.

Y hablamos de Filosofía.

Me volvió a recordar a Hanna Arendt, la filósofa judía discípula de Heidegger que fue perseguida y por la que él siente predilección. Insistió en recomendarme la lectura de *La condición humana*, su texto básico.

Él ya me había descubierto a Osip Mandelstam, el poeta ruso también judío, encarcelado por Stalin, que recitaba *La Eneida* de Virgilio a los otros presos. Su *Coloquio sobre Dante* es un texto sobre la creación artística de una belleza insuperable. Imprescindible en la biblioteca de cualquier arquitecto. El original está escrito en ruso. Yo lo tengo en castellano, en una espléndida traducción de Selma Ancira, y se lo regalé a Frampton en inglés, traducido por Clarence Brown y Robert Hughes. Desde hace tiempo lo incluyo en la bibliografía que doy a mis alumnos. También le recordé que él me había hablado por vez primera de John Donne, un poeta inglés del XVII, pariente de Tomás Moro, al que estoy empezando a leer.

Frampton habló entonces del filósofo español Ortega y Gasset, del que conocía los diálogos con Heidegger en Darmstadt de donde procede su ensayo *Meditación sobre la Técnica*. Yo, tras recordarle cuántas veces he llevado ideas de ese escrito a mis textos, le hablé de Xavier Zubiri, discípulo de Ortega, y de su escrito con ocasión de la concesión en 1982 del Premio Nacional de Investigación en España.[7]

Y de cómo Zubiri agradecía allí a la sociedad española que con ese premio reconociera que también la Filosofía es una verdadera labor de investigación. Y yo le contaba cómo si en ese texto se cambia la palabra *Filosofía* por *Arquitectura*, el texto sigue siendo válido y muy eficaz para explicar muchas cuestiones de las que estábamos debatiendo. Así lo he hecho ya alguna vez.

Y hablamos de Arquitectura.

Frampton, muy generoso, me preguntó sobre mis trabajos. Yo le hablé de mi obra frente a la Catedral en Zamora,[8] una recia caja de piedra abierta al cielo construida con grandes piedras como las de la Catedral. Y de la delicada caja de vidrio en el interior, al abrigo de aquellos muros y de los árboles que allí hemos plantado. Y le describí la Piedra Angular de 2,50 x 1,50 x 0,50 metros que hemos colocado en la esquina, frente a la Catedral, donde hemos grabado *HIC LAPIS ANGULARIS MAIO MMXII POSITO*.[9] Como rezan las *cornerstone* de Columbia, pero en latín. Y los inmensos vidrios sin costura de 6 x 3 metros, con los que hemos construido la caja de vidrio, en los que hemos grabado al ácido *HOC VITRUM ANGULARIS MAIO MMXII POSITO*.[10]

Él sacó a relucir sus ideas de cuando era joven, cercanas al comunismo, y de cómo se han atemperado con los años, él y sus ideas. Y pasó a Aalto y a Villa Mairea, comparándola con la casa Tugendhat y Mies van der Rohe.

Hablamos maravillas del último Pritzker, Eduardo Souto de Moura. De su persona y de su obra. Ambos hemos escrito sendos textos para una Exposición que se viene organizando en Oporto desde antes de serle concedido el premio. Le comenté que parecía raro que él, Frampton, no hubiera formado nunca parte del jurado del Pritzker. Tras sonreír ampliamente, cambió de tema. Y hablamos de los amigos, como Toshio Nakamura. O David Chipperfield y Steven Holl, que serán los próximos Pritzker. Y volvimos a estar de acuerdo en cómo para hacer una arquitectura de calidad hacía falta dedicar muchísimo tiempo y construir menos obras. Porque el problema de muchos de los arquitectos del *Star System* era que hacían tantas obras que se disolvían en ellas. Y hablamos largo y tendido sobre Rem Koolhas y sobre Herzog y De Meuron y sobre sus enormes obras en los países asiáticos.

Le conté entonces que cuando acudí a la invitación de un buen amigo arquitecto de mi misma edad, me comentó que acababa de construir su obra número 2000, ¡dos mil! Y que al volver a casa cogí vanidoso todas mis publicaciones y contabilicé que yo había construido, a lo largo de toda mi vida, sólo 37 obras. Y de cómo me entró una pequeña depresión. Y cómo aquella misma noche estaba leyendo una divertida biografía de Shakespeare, de Bill Bryson donde hablaba de las sólo 37 obras dramáticas del maestro. Y cuán feliz estoy desde entonces, tras saber aquello.

Y volvimos a poner la *intensidad* sobre la mesa. Una condición tan imprescindible como difícil de encontrar en tantas obras como se están construyendo en este ya largo tiempo dominado por la superficialidad. No le pregunté si estuvo presente en la entrega en 1982 de la Medalla de oro del RIBA a Lubetkin, autor de la rampa de los pingüinos en el Zoo de Londres. En su discurso[11] contiene muchos párrafos sobre esta falta de rigor de la Arquitectura de nuestro tiempo, y muchos temas de los que aquí estábamos debatiendo. Pareciera estar escrito hoy, tan certeros eran sus juicios.

Y convinimos en cómo esta Intensidad en la Arquitectura habla no sólo de la Verdad necesaria para llegar a la Belleza de una obra, sino también de la fuerza que debe tener para llegar a producirnos esa Suspensión del Tiempo que sólo las mejores creaciones artísticas son capaces de provocar. Suspensión del Tiempo que es el tema de mi último *Research Paper*.

El largo diálogo, a fuer de interesante, nos pareció a los dos muy corto. Tan a gusto estábamos. Pero el tiempo real apremiaba, y debimos terminar. La taza de café vacía, y vacía la copa de Riesling, y nosotros llenos de satisfacción, felices.

Columbia University, primavera 2011

march 22 . 88

LAS NOTAS ESCRITAS EN EL AIRE

He decidido escribir las notas de mis últimos textos en el aire, única y exclusivamente de modo informático, en códigos QR. Porque las clásicas notas a pie de página, con referencia a los libros, dando los datos de su edición, editorial, ciudad, fecha y el ISBN, han pasado a mejor vida. Porque entiendo que es aplastante la lógica de escribir ya las notas sólo en el aire.

Las Bibliotecas están ahora llenas de gente que, inmersa en sus portátiles, jamás se levanta para consultar un libro. Tienen todos los libros, todos, dentro de ese diabólico diedro luminoso. Mejor dicho, dentro del CPU de sus extraplanos artefactos. Buscan en las Bibliotecas la paz que allí se respira y, quizás algo solos, el saberse acompañados físicamente por tantas personas con su misma obsesión: pasarse el día ante esa pantalla iluminada.

La *Avery Library* de *Columbia University* que yo frecuento, en la que se han generado gran parte de los *Research Papers* cuyas notas han volado al aire tras purificarse en el fuego informático, es un lugar apacible en el que sucede a diario lo que acabo de contar. Allí, rara avis, escribí todo a mano, sin ordenador.

La *Apple Store* de Broadway con la 67, junto al Lincoln Center, es una preciosísima urna de cristal diseñada por Ciwinsky y que está siempre llena de gente. Y quizás por contagio de la paz de las Bibliotecas, o por la calidad del diseño, es un lugar silencioso, por mucha gente que allí haya. Allí observaba atento los movimientos de un nutrido grupo de niños de todos los colores que, en una gran mesa baja, atacaban los ordenadores como si de pequeños pianistas se tratara, con tanta fruición y habilidad, movían allí sus dedos.

Pues para esa generación, y para las futuras, es para quienes estoy escribiendo estos textos y transmitiendo mis ideas. Si yo tuviera que escribir o investigar para ser leído o juzgado por los de mi generación me borraba ahora mismo. Tan anquilosados están. Y tan escandalizados ahora de que yo haga mis notas de referencia sólo a través de la informática. No aprueban que cuelgue mis notas en el aire, provocando así su rancia ortodoxia.

¿Imaginan ustedes que cuando al escribir uno de mis *Research Papers* sobre el Plano Horizontal Plano en la arquitectura, cito un grabado de Rembrandt, y con sólo apretar una tecla aparece allí la imagen? Y también las versiones diferentes que el mismo Rembrandt, que se diría un avanzado de la informática, había hecho con la misma plancha y por la que está a la vez en el Louvre y en el MET, y en varios museos más. Clara intuición la de Rembrandt.

¿Imaginan ustedes que cuando al hablar de la Suspensión del Tiempo en la arquitectura, cito un *Requiem* de Tomas Luis de Victoria cantado por los Tallis Scholars, con apretar una tecla se llene el aire de esa música divina? ¿Y también cuando para explicar esa detención del tiempo que es capaz de producir la mejor arquitectura, traigo a colación el *Dead already* de Thomas Newman, y tras pulsar la tecla precisa, suena esa música capaz de conmovernos?

¿Imaginan ustedes que cuando al hablar de la Suspensión del Tiempo, se toque el botón correspondiente a la nota sobre la escena de la bolsa blanca de plástico del *American Beauty* de Sam Mendes, aparezcan ante nosotros los dos protagonistas llenando con sus movimientos toda la pantalla? ¿Y que, cuando cito el *Billy Elliot* de Daldry, se presenta ante nosotros en vivo y en directo el mismísimo Billy hablándonos sobre esa *"sort of disappear"* que se produce cuando danza?

Ustedes me dirán que eso es muy fácil con el ordenador y que lo hacen ustedes todos los días: imágenes, música y cine, y algún día hasta los olores. Pues así lo entiendo yo también, hoy, ahora.

Pues todo esto y mucho más me ha sucedido al llegar la hora de tener que poner notas a mis Reseach Papers. Estoy de año Sabático en *Columbia University* en Nueva York. Un tiempo que no sólo muestra la generosidad de mi Rector al concedérmelo, sino también la exigencia de un programa de trabajo a desarrollar. Con el título *Principia Architectonica*, de reminiscencias newtonianas, he desplegado una serie de reflexiones sobre temas relativos a la Arquitectura: La Arquitectura como Poesía, Mnemosyne vs Mimesis, Sobre la Piedra Angular, La Arquitectura como Artefacto, La Intensidad en la Arquitectura o la Suspensión del Tiempo. Y sus notas son todas sólo informáticas. Están escritas en el aire, montadas sobre códigos QR. Que Gutenberg me lo perdone.

ÍNDICE DE NOTAS

INTRODUCCIÓN

1. Código QR.
http://es.wikipedia.org/wiki/C%C3%B3digo_QR

PRINCIPIA ARCHITECTONICA

1. Philosophiae Naturalis Principia Mathematica. Isaac Newton. 1687.
http://es.wikipedia.org/wiki/Philosophi%C3%A6_naturalis_principia_mathematica

2. El sueño de la razón produce monstruos. Francisco de Goya. 1799.
http://es.wikipedia.org/wiki/El_sue%C3%B1o_de_la_raz%C3%B3n_produce_
monstruos

3. El misterio de la creación artística. Stefan Zweig. 1940.
http://www.flickr.com/photos/campobaeza/8189506443/in/set-
72157631790226591/lightbox/

4. Kindergarten chats and other writings. Louis Sullivan. 1901-1918.
http://www.flickr.com/photos/campobaeza/8096607548/in/set-
72157631790226591/lightbox/

5. El banquete o del amor. Platón. Ca. 380 a.C.
http://www.filosofia.org/cla/pla/azc05297.htm

LA ARQUITECTURA COMO POESÍA

1. The poetry of Architecture. John Ruskin. 1836.
http://www.gutenberg.org/files/17774/17774-h/17774-h.htm

2. The seven lamps of Architecture. John Ruskin. 1849.
http://www.gutenberg.org/files/35898/35898-h/35898-h.htm

3. Soneto nº 18. Summer's day. William Shakespeare.
http://www.youtube.com/watch?v=ngZY8coaWMg&feature=related

4. Método de composición. Edgar Allan Poe. 1846.
http://www.literatura.us/idiomas/eap_metodo.html

5. Cántico espiritual. San Juan de la Cruz.
http://users.ipfw.edu/jehle/poesia/canticoe.htm

6. Escudo de la Architectural Association de Londres.
http://en.wikipedia.org/wiki/Architectural_Association_School_of_Architecture

7. La verdad de las cosas, concepto olvidado. Josef Pieper.
http://www.hottopos.com/mp2/verd_olvi.htm

8. Discurso. RIBA Royal Gold Medal. Berthold Lubetkin, 1982.
http://www.flickr.com/photos/campobaeza/8189538097/in/set-
72157632020177813/lightbox/

9. How much does your building weigh, Mr. Foster?
http://www.mrfostermovie.com/

10. El misterio de la creación artística. Stefan Zweig. 1940.
http://www.flickr.com/photos/campobaeza/8190657214/in/set-
72157632020177813/lightbox/

11. Caja Granada y Museo de la Memoria de Andalucía. Campo Baeza.
http://www.flickr.com/photos/campobaeza/8185841969/in/set-
72157619496997344/lightbox/

12. Caja Granada y Museo de la Memoria de Andalucía. Campo Baeza.
http://www.flickr.com/photos/campobaeza/8185879120/in/set-
72157619496997344/lightbox/

13. Centro de interpretación Salinas de Janubio. Lanzarote. Campo Baeza.
http://www.flickr.com/photos/campobaeza/7084238749/in/set-
72157629466848956/lightbox/

14. Casa en Zahara. Alberto Campo Baeza.
http://www.flickr.com/photos/campobaeza/6938141972/in/set-
72157629831893717/lightbox/

PERFORANDO LAS NUBES

1. Discurso Premio Nacional de Investigación. Xavier Zubiri. 1982.
http://www.zubiri.org/works/spanishworks/investigar.htm

2. Luz sólida. Panteón de Roma.
http://www.flickr.com/photos/campobaeza/8102227571/in/set-
72157631804250980/lightbox/

3. Claristorio.
http://www.flickr.com/photos/campobaeza/8102228975/in/set-
72157631804250980/lightbox/

4. Vidriera de color. Catedral de León.
http://www.flickr.com/photos/campobaeza/8102230103/in/set-
72157631804250980/lightbox/

5. Catedral de Ávila.
http://www.flickr.com/photos/campobaeza/8102269332/in/set-
72157631804250980/lightbox/

6. Éxtasis de Santa Teresa. Gian Lorenzo Bernini. 1651.
http://www.flickr.com/photos/campobaeza/8102272210/in/set-
72157631804250980/lightbox/

7. Maison de verre. Pierre Chareau. París, 1932.
http://www.flickr.com/photos/campobaeza/8102273176/in/set-
72157631804250980/lightbox/

8. Casa en el lago para un artista. V Trienal de Milán. Terragni. 1933.
http://www.flickr.com/photos/campobaeza/8188739350/in/set-
72157631804250980/lightbox/

9. La densidad de la arquitectura de Giuseppe Terragni. Jesús Aparicio.
http://www.jesusaparicio.net/libros.html

10. Colegio Público San Fermín. Alberto Campo Baeza. Madrid, 1985.
http://www.flickr.com/photos/campobaeza/8102261865/in/set-
72157631804250980/lightbox/

11. Centro Cultural Villaviciosa de Odón. Alberto Campo Baeza. 1992.
http://www.flickr.com/photos/campobaeza/8102275436/in/set-
72157631804250980/lightbox/

12. Guardería Benetton. Alberto Campo Baeza. Treviso, 2006.
http://www.flickr.com/photos/campobaeza/4796527905/in/set-
72157600285724773/lightbox/

13. Porta Milano. Alberto Campo Baeza. 2009.
http://www.flickr.com/photos/campobaeza/6938128894/in/set-
72157629466702096/lightbox/

14. Museum of Italian Art. Alberto Campo Baeza. Garrison-Nueva York.
http://www.flickr.com/photos/campobaeza/8102202905/in/set-
72157631804250980/lightbox/

15. Vestíbulo. Museum of Italian Art.
http://www.flickr.com/photos/campobaeza/8102276774/in/set-
72157631804250980/lightbox/

PLANO HORIZONTAL PLANO

1. Cristo presentado al pueblo. Rembrandt. 1655.
http://www.flickr.com/photos/campobaeza/8103051767/in/set-
72157631806347826/lightbox/

2. Cristo presentado al pueblo. Lucas van Leyden. 1510.
http://www.flickr.com/photos/campobaeza/8103061371/in/set-
72157631806347826/lightbox/

3. Ecce homo. Pablo Picasso.
http://www.flickr.com/photos/campobaeza/8103080559/in/set-72157631806347826/lightbox/

4. Casa Farnsworth. Mies van der Rohe. Plano-Illinois, 1951.
http://www.flickr.com/photos/campobaeza/8189643471/in/set-72157631806347826/lightbox/

5. Platforms and Plateaus. Jorn Utzon. 1962.
http://www.arranz.net/web.arch-mag.com/2e/recy/recy1t.html

6. Estudios sobre cultura tectónica. Kenneth Frampton.
http://www.flickr.com/photos/campobaeza/8103091111/in/set-72157631806347826/lightbox/

7. Casa Malaparte. Adalberto Libera. Capri, 1942.
http://www.youtube.com/watch?v=H-SYpoLrVwl

8. Casa de Blas. Alberto Campo Baeza. Sevilla la Nueva, 2000.
http://www.flickr.com/photos/campobaeza/441027992/in/set-72157600038837061/lightbox/

9. Casa Olnick Spanu. Alberto Campo Baeza. Garrison-Nueva York, 2008.
http://www.flickr.com/photos/campobaeza/4796502211/in/set-72157600285722823/lightbox/

10. Casa Rufo. Alberto Campo Baeza. Toledo, 2009.
http://www.flickr.com/photos/campobaeza/5077386195/in/set-72157625029939461/lightbox/

11. Entre Catedrales. Alberto Campo Baeza. Cádiz, 2009.
http://www.flickr.com/photos/campobaeza/4796296173/in/set-72157607337415346/lightbox/

12. Centro de interpretación Salinas de Janubio. Alberto Campo Baeza.
http://www.flickr.com/photos/campobaeza/7084256665/in/set-72157629466848956/lightbox/

13. Casa en Zahara. Alberto Campo Baeza.
http://www.flickr.com/photos/campobaeza/6938141972/in/set-72157629831893717/lightbox/

MNEMOSINE VS MIMESIS

1. Júpiter y Mnemosine. Marco Liberi.
http://www.flickr.com/photos/campobaeza/8116549597/in/set-72157631837063800/lightbox/

2. Le Corbusier en el Partenón. 1911.
http://www.flickr.com/photos/campobaeza/8116567464/in/set-72157631837063800/lightbox/

3. Mies van der Rohe en la Acrópolis. 1959.
http://www.flickr.com/photos/campobaeza/8116569956/in/set-72157631837063800/lightbox/

4. CPU. Unidad Central de Procesamiento.
http://es.wikipedia.org/wiki/Unidad_central_de_procesamiento

5. Palacio Pitti. Florencia.
http://www.flickr.com/photos/campobaeza/8116563261/in/set-72157631837063800/lightbox/

6. Palacio de Congresos de Salamanca y Casa Museo de John Soane.
http://www.flickr.com/photos/campobaeza/8116575218/in/set-72157631837063800/lightbox/

7. Restaurante Boa Nova. Álvaro Siza. Oporto, 1958.
http://www.flickr.com/photos/campobaeza/8116581468/in/set-72157631837063800/lightbox/

8. Torre del Burgo. Eduardo Souto de Moura. Oporto, 2007.
http://www.flickr.com/photos/campobaeza/8189661963/in/set-72157631837063800/lightbox/

9. Catedral de Granada y Sede Central de Caja Granada.
http://www.flickr.com/photos/campobaeza/8116586366/in/set-72157631837063800/lightbox/

10. Catedral de Granada y Sede Central de Caja Granada.
http://www.flickr.com/photos/campobaeza/8116582025/in/set-72157631837063800/lightbox/

11. Palacio de Carlos V y Museo de la Memoria de Andalucía.
http://www.flickr.com/photos/campobaeza/8116594970/in/set-72157631837063800/lightbox/

12. Palacio de Carlos V y Museo de la Memoria de Andalucía.
http://www.flickr.com/photos/campobaeza/8116592381/in/set-72157631837063800/lightbox/

13. Rampa de Pingüinos del Zoo de Londres y rampa del MA.
http://www.flickr.com/photos/campobaeza/8116594869/in/set-72157631837063800/lightbox/

14. Rampa del MA. Museo de la Memoria de Andalucía.
http://www.flickr.com/photos/campobaeza/8116600337/in/set-72157631837063800/lightbox/

15. Catedral de Zamora y Oficinas del Consejo Consultivo de Castilla y León.
http://www.flickr.com/photos/campobaeza/8229729304/in/photostream/lightbox/

16. Piedra angular. Oficinas en Zamora. Alberto Campo Baeza. 2012.
http://www.flickr.com/photos/campobaeza/8190766748/in/set-
72157629831925117/lightbox/

17. Oficinas en Zamora. Alberto Campo Baeza. 2012.
http://www.flickr.com/photos/campobaeza/8121629254/in/photostream/
lightbox/

18. Casa Farnsworth. Mies van der Rohe. Plano-Illinois, 1951.
http://www.flickr.com/photos/campobaeza/8189643471/in/set-
72157631806347826/lightbox/

19. Casa Olnick Spanu. Alberto Campo Baeza. Garrison-Nueva York, 2008.
http://www.flickr.com/photos/campobaeza/4796502211/in/set-
72157600285722823/lightbox/

LA PIEDRA ANGULAR

1. Piedra angular.
http://es.wikipedia.org/wiki/Piedra_angular

2. Piedra angular en la Universidad de Columbia.
http://www.flickr.com/photos/28516908@N08/3184582537/lightbox/

3. Casa 50'x50'. Mies van der Rohe. 1950-1951.
http://cavicaplace.blogspot.com.es/2010/07/mies-van-der-rohe-casa-
50x50-1951.html

4. Edificio de oficinas en la Friedrichstrasse. Mies van der Rohe. Berlín, 1921.
http://www.flickr.com/photos/campobaeza/8116859779/in/set-
72157631837771804/lightbox/

5. Rascacielos de cristal. Mies van der Rohe. 1922.
http://www.flickr.com/photos/campobaeza/8116863517/in/set-
72157631837771804/lightbox/

6. Oficinas en Zamora. Alberto Campo Baeza. 2012.
http://www.flickr.com/photos/campobaeza/sets/72157629831925117/

7. Triedro de aire. Oficinas en Zamora.
http://www.flickr.com/photos/campobaeza/8121629254/in/set-
72157629831925117/lightbox/

8. Piedra angular. Oficinas en Zamora.
http://www.flickr.com/photos/campobaeza/8190766748/in/set-
72157629831925117/lightbox/

9. Esquina de vidrio. Oficinas en Zamora.
http://www.flickr.com/photos/campobaeza/8142259275/in/set-72157629831925117

DE ELEFANTES Y PAJAROS

1. Torre Hearst. Norman Foster. Nueva York, 2006.
http://www.flickr.com/photos/campobaeza/8125289213/in/set-72157631858205495/lightbox/

2. Rascacielos de cristal. Mies van der Rohe. 1922.
http://www.flickr.com/photos/campobaeza/8125297119/in/set-72157631858205495/lightbox/

3. Centro Pompidou. Renzo Piano y Richard Rogers. París, 1977.
http://www.flickr.com/photos/campobaeza/8125299099/in/set-72157631858205495/lightbox/

4. Casa Tugendhat. Mies van der Rohe. Brno, 1930.
http://www.flickr.com/photos/campobaeza/8125319832/in/set-72157631858205495/lightbox/

5. Pabellón de Barcelona. Mies van der Rohe. 1929.
http://www.flickr.com/photos/campobaeza/8125306039/in/set-72157631858205495/lightbox/

6. Gimnasio Maravillas. Alejandro de la Sota. Madrid, 1962.
http://www.flickr.com/photos/campobaeza/8125326724/in/set-72157631858205495/lightbox/

7. Cúpula geodésica. Buckminster Fuller. Montreal, 1967.
http://www.flickr.com/photos/campobaeza/8125311335/in/set-72157631858205495/lightbox/

8. Esqueleto de elefante.
http://en.wikipedia.org/wiki/File:Elephant_skeleton.jpg

9. Esqueleto de pájaro.
http://people.eku.edu/ritchisong/skeleton.html

10. Esqueleto humano.
http://figure-drawings.blogspot.com.es/2008/10/human-skeleton.html

11. How much does your building weigh, Mr. Foster?
http://www.mrfostermovie.com/

12. Centro Rolex. Sanaa. EPFL Lausanne, 2010.
http://www.flickr.com/photos/campobaeza/8125332294/in/set-72157631858205495/lightbox/

13. Centro de interpretación Salinas de Janubio (I). Alberto Campo Baeza.
http://www.flickr.com/photos/campobaeza/8125316897/in/set-72157631858205495/lightbox/

14. Centro de interpretación Salinas de Janubio (I). Alberto Campo Baeza.
http://www.flickr.com/photos/campobaeza/8125322659/in/set-72157629831987671/lightbox/

15. Centro de interpretación Salinas de Janubio (II). Alberto Campo Baeza.
http://www.flickr.com/photos/campobaeza/7084256665/in/set-72157629466848956/lightbox/

16. Porta Milano. Alberto Campo Baeza. 2009.
http://www.flickr.com/photos/campobaeza/6938128894/in/set-72157629466702096/lightbox/

17. Museum of Italian Art. Alberto Campo Baeza. Garrison-Nueva York.
http://www.flickr.com/photos/campobaeza/8102276774/in/set-72157631804250980/lightbox/

LA ARQUITECTURA COMO ARTEFACTO

1. Adán y Eva. Alberto Durero. 1507.
http://www.flickr.com/photos/campobaeza/8134645984/in/set-72157631879277561/lightbox/

2. La cabaña primitiva. Marc-Antoine Laugier.
http://www.flickr.com/photos/campobaeza/8134650044/in/set-72157631879277561/lightbox/

3. Trama romana.
http://www.flickr.com/photos/campobaeza/8134627931/in/set-72157631879277561/lightbox/

4. Plano de Manhattan. 1807.
http://www.flickr.com/photos/campobaeza/8134657754/in/set-72157631879277561/lightbox/

5. Villa Rotonda. Andrea Palladio. Vicenza, 1570.
http://www.flickr.com/photos/campobaeza/8134659012/in/set-72157631879277561/lightbox/

6. Casa Farnsworth. Mies van der Rohe. Plano-Illinois, 1951.
http://www.flickr.com/photos/campobaeza/8189643471/in/set-72157631806347826/lightbox/

7. Casa Gilardi. Luis Barragán. Ciudad de México, 1976.
http://www.flickr.com/photos/campobaeza/8134660930/in/set-72157631879277561/lightbox/

8. Un árbol en la cubierta de Ronchamp. Le Corbusier.
http://www.flickr.com/photos/campobaeza/8186822569/in/set-
72157631879277561/lightbox/

9. Tensegridad. Valentín Gómez Jáuregui. 2007.
http://www.flickr.com/photos/campobaeza/8134662164/in/set-
72157631879277561/lightbox/

10. Tumba en Piribebuy. Solano Benítez. Paraguay, 1998.
http://www.flickr.com/photos/campobaeza/8134638165/in/set-
72157631879277561/lightbox/

11. Casa Gaspar. Alberto Campo Baeza. Vejer, 1992.
http://www.flickr.com/photos/campobaeza/442021359/in/set-
72157600040086168/lightbox/

12. Oficinas en Zamora. Alberto Campo Baeza. 2012.
http://www.flickr.com/photos/campobaeza/8121629254/in/set-
72157629831925117/lightbox/

13. Oficinas en Zamora. Alberto Campo Baeza. 2012.
http://www.flickr.com/photos/campobaeza/8228663965/in/set-
72157629831925117/lightbox/

14. Centro BIT. Alberto Campo Baeza. Inca, 1998.
http://www.flickr.com/photos/campobaeza/462871059/in/set-
72157600086044649/lightbox/

15. Casa Moliner. Alberto Campo Baeza. Zaragoza, 2008.
http://www.flickr.com/photos/campobaeza/4797062660/in/set-
72157624377276245/lightbox/

LA SUSPENSIÓN DEL TIEMPO

1. Panteón de Roma.
http://www.flickr.com/photos/campobaeza/8102227571/in/set-
72157631804250980/lightbox/

2. Burn Norton. Four Quartets. T. S. Eliot.
http://www.youtube.com/watch?v=9xDpueV1U8k

3. Coplas a la muerte de su padre. Jorge Manrique. Voz de Manuel Dicenta.
http://www.palabravirtual.com/index.php?ir=ver_voz1.
php&wid=1351&p=Jorge%20Manrique&t=Coplas%20de%20Don%20
Jorge%20Manrique%20por%20la%20muerte%20de%20su%20padre

4. Caja Granada. Alberto Campo Baeza. 2001.
http://vimeo.com/52537823

5. Museo de la Memoria de Andalucía. Alberto Campo Baeza. Granada, 2009.
http://vimeo.com/26023252

6. Vista del Panteón. Giovanni Battista Piranesi.
http://www.flickr.com/photos/campobaeza/8141406187/in/set-72157631895154416/lightbox/

7. Torre del Burgo. Eduardo Souto de Moura. Oporto, 2007.
http://www.flickr.com/photos/campobaeza/8189661963/in/set-72157631837063800/lightbox/

8. Verde-Azul-Verde sobre Azul. Mark Rothko. 1968.
http://www.flickr.com/photos/campobaeza/8141439746/in/set-72157631895154416/lightbox/

9. Venus del espejo. Velázquez. 1651.
http://www.flickr.com/photos/campobaeza/8141411189/in/set-72157631895154416/lightbox/

10. Tallis Scholars. Requiem de Tomás Luis de Victoria.
http://www.youtube.com/watch?v=y1cV0hqJ95Y&feature=related

11. Ópera de Sidney. Jorn Utzon. 1973.
http://www.flickr.com/photos/campobaeza/8141412595/in/set-72157631895154416/lightbox/

12. Dead already. Thomas Newman.
http://www.youtube.com/watch?v=al21Vtlsg4A

13. Escena de la bolsa de plástico. American Beauty. Sam Mendes.
http://www.youtube.com/watch?v=8yfpPpu7bik

14. Sort of disappear. Billy Elliot. Stephen Daldry.
http://www.youtube.com/watch?v=U0tTT_87Hh8

15. Método de composición. Edgar Allan Poe. 1846.
http://www.literatura.us/idiomas/eap_metodo.html

16. El misterio de la creación artística. Stefan Zweig. 1940
http://www.flickr.com/photos/campobaeza/8190657214/in/set-72157632020177813/lightbox/

17. Museo de la Memoria de Andalucía. Alberto Campo Baeza. Granada, 2009.
http://vimeo.com/26014472

18. Casa Gaspar. Alberto Campo Baeza. Vejer, 1992.
http://www.flickr.com/photos/campobaeza/442021359/in/set-72157600040086168/lightbox/

19. Casa Guerrero. Alberto Campo Baeza. Vejer, 2005.
http://www.flickr.com/photos/campobaeza/4796540623/in/set-72157600037996750/lightbox/

20. Casa de Blas. Alberto Campo Baeza. Sevilla la Nueva, 2000.
http://www.flickr.com/photos/campobaeza/441027992/in/set-
72157600038837061/lightbox/

21. Casa Olnick Spanu. Alberto Campo Baeza. Garrison-Nueva York, 2008.
http://www.flickr.com/photos/campobaeza/4796502211/in/set-
72157600285722823/lightbox/

22. Casa Rufo. Alberto Campo Baeza. Toledo, 2009.
http://www.flickr.com/photos/campobaeza/5077386195/in/set-
72157625029939461/lightbox/

23. Oficinas en Zamora. Alberto Campo Baeza. 2012.
http://www.flickr.com/photos/campobaeza/8121629254/in/set-
72157629831925117/lightbox/

24. Centro BIT. Alberto Campo Baeza. Inca, 1998.
http://www.flickr.com/photos/campobaeza/462871059/in/set-
72157600086044649/lightbox/

25. Oda a una urna griega. John Keats. 1819.
http://www.youtube.com/watch?v=2r45c03_L5E&feature=related

26. Auguries of innocence. William Blake. 1803.
http://www.youtube.com/watch?v=Wi848QqLbdo&feature=related

INTENSIDAD

1. Laudate Dominum. Vísperas Solemnes. Wolfgang Amadeus Mozart.
http://www.youtube.com/watch?v=EsEnM8mGj_Y
http://www.youtube.com/watch?v=cwyraTxSuTY

2. Lux aeterna. Morten Lauridsen.
http://www.youtube.com/watch?v=4VggXas5rJk&feature=related

3. Pie Jesu. Requiem Op. 48. Gabriel Fauré.
http://www.youtube.com/watch?v=Zo-cUEbZlr8

4. Kenneth Frampton.
http://www.flickr.com/photos/campobaeza/8142287468/in/set-
72157631897144162/lightbox/

5. Oda a una urna griega. John Keats. 1819.
http://www.youtube.com/watch?v=2r45c03_L5E&feature=related

6. Escudo de la Architectural Association de Londres.
http://en.wikipedia.org/wiki/Architectural_Association_School_of_Architecture

7. Discurso Premio Nacional de Investigación. Xavier Zubiri. 1982.
http://www.zubiri.org/works/spanishworks/investigar.htm

8. Oficinas en Zamora. Alberto Campo Baeza. 2012.
http://www.flickr.com/photos/campobaeza/8121629254/in/set-
72157629831925117/lightbox/

9. Piedra angular. Oficinas en Zamora.
http://www.flickr.com/photos/campobaeza/8190766748/in/set-
72157629831925117/lightbox/

10. Esquina de vidrio. Oficinas en Zamora.
http://www.flickr.com/photos/campobaeza/8142259275/in/set-
72157629831925117

11. Discurso. RIBA Royal Gold Medal. Berthold Lubetkin, 1982.
http://www.flickr.com/photos/campobaeza/8189538097/in/set-
72157632020177813/lightbox/

BIBLIOGRAFÍA

Alberti, Leon Battista
De re aedificatoria (1485)
Ed. Akal. Madrid, 1992

Aparicio Guisado, Jesús Mª
El Muro
Ed. CP 67. Buenos Aires, 2000

Aparicio Guisado, Jesús Mª
Construir con la razón y los sentidos
Ed. Nobuko. Buenos Aires, 2008

Aparicio Guisado, Jesús Mª
La densidad de la arquitectura de Giuseppe Terragni
Arquitectos de Cádiz, 2004

Arendt, Hanna
La condición humana (1958)
Ed. Paidós Ibérica. Barcelona, 2004

Bachelard, Gaston
La Poética del Espacio (1957)
Ed. Fondo de Cultura Económica. Mexico, 1965

Bockemühl, Michael
Rembrandt
Ed. Taschen. Köln, 2005

Blake, William
Auguries of innocence (1803)
En *Ver un mundo en un grano de arena*
Ed. Visor. Madrid, 2009

Blaser, Werner
Mies van der Rohe
Ed. Gustavo Gili. Barcelona, 1973

Bryson, Bill
Shakespeare: el mundo como escenario
Ed. RBA. Barcelona, 2009

Campo Baeza, Alberto
La Idea Construida
Ed. Nobuko. Buenos Aires, 2009

Campo Baeza, Alberto
Pensar con las manos
Ed. Nobuko. Buenos Aires, 2010

Carpentier, Alejo
La guerra del tiempo (1956)
Ed. Alianza. Madrid, 1993

Cervantes, Miguel de
Don Quijote de la Mancha (1605)
Ed. Espasa Calpe. Madrid, 2007

Dante Alighieri
La divina comedia (1321)
Ed. Cátedra. Madrid. 2007

Eliot, T.S.
Four Quartets (1943)
Trad. J. Mª Valverde. Ed. Orbis. Barcelona, 1984

Eluard, Paul
El duro deseo de durar
Ed. Arnold-Bordas. París, 1946

Frampton, Kenneth
Historia crítica arquitectura moderna
Ed. Gustavo Gili. Barcelona, 2010

Frampton, Kenneth
Estudios sobre cultura tectónica
Ed. Akal. Madrid, 1999

Frampton, Kenneth
Labour, Work and Architecture
Phaidon Press. Nueva York, 2002

García Marruz, Fina
Poesía en la Residencia de Estudiantes
Madrid, 2011

Gómez Jáuregui, Valentin
Tensegridad
Ed. UC. Santander, 2007

Heidegger, Martin
El concepto de tiempo (1924)
Ed. Herder. Barcelona, 2008

Homero
La odisea
Ed. Cátedra. Madrid, 2005

James, Henry
El último de los Valerio
Ed. José J. de Olañeta. Madrid, 2011

Jaráiz, José
SANAA. Espacios, límites y jerarquías
Ed. Nobuko, Buenos Aires, 2013

Keats, John
Oda a una urna griega (1819)
En *Odas y sonetos*
Ed. Hiperión. Madrid, 1997

Laugier, Marc Antoine
Ensayo sobre la Arquitectura (1753)
Ed. Akal. Madrid, 1999

Linazasoro, Jose Ignacio
Escrito en el tiempo
Ed. Nobuko. Buenos Aires 2005

Lubetkin, Berthold
Discurso Medalla de Oro del RIBA (1982)
En *Berthold Lubetkin*. John Allan
Ed. RIBA Publications. London, 1992

Mandelstam, Ósip
Coloquio sobre Dante (1933)
Ed. Acantilado. Barcelona, 2009

Manrique, Jorge
Coplas a la muerte de su padre
En *Poesías Completas*
Ed. Espasa Calpe. Madrid, 2007

Martin, Reinhold
Utopia´s Ghost
University of Minnesota Press, 2011

Mas Guindal Lafarga, Antonio
Cuando las Estructuras no se calculaban
Ed. Munilla Lería. Madrid, 2011

Meier, Richard
Complete Works 1963-2008
Philip Jodidio. Ed. Taschen. Köln, 2008

Meier, Richard
Works and Projects
Gustavo Gili. Barcelona, 1989

Morell Sixto, Alberto
Despacio
Ed. Nobuko. Buenos Aires, 2011

Newton, Isaac
Principios Matemáticos de la Filosofía Natural (1687)
Ed. Alianza. Madrid, 2011

Ortega y Gasset
Meditación de la Técnica y otros ensayos (1939)
Ed. Alianza. Madrid, 2004

Palladio, Andrea
Los Cuatro Libros de la Arquitectura (1570)
Editorial Limusa. Madrid, 2005

Platón
El banquete (380 a.C.)
Ed. Gredos. Madrid, 2010

Paz, Octavio
Obras Completas
Galaxia Gutenberg. Barcelona, 2005

Pieper, Joseph
Living the Truth
Ignatius Press. Nueva York, 1989

Poe, Edgar Allan
Filosofía de la composición (1846)
Ed. Libros C. de Langre. San Lorenzo de El Escorial, 2002

Ruskin, John
Poetry of Architecture (1836)
Ed. G. Allen, 1892

Ruskin, John
Las siete lámparas de la Arquitectura (1849)
Colegio de Aparejadores. Murcia, 1989

San Agustín
Confesiones (400 d.C.)
Ed. Alianza. Madrid, 2011

San Agustín
La Ciudad de Dios (426 d.C.)
B.A.C. Madrid, 2011

San Juan de la Cruz
Cántico Espiritual
Ed. RED. Madrid, 2004

Sancho Osinaga, Juan Carlos
El sentido cubista de Le Corbusier
Ed. Munillalería. Madrid, 2000

Shakespeare, William
Sonetos (1609)
Trad. Mujica Láinez. Ed. Culturales Argentinas. Buenos Aires, 1963

Strunk, W y White, E.B.
The Elements of Style
Ed. Pearson Education Company. New Jersey, 2000

Sullivan, Louis
Kindergarten chats and other writings (1947)
Dover Publications. Nueva York, 1980

Utzon, Jorn
Platforms and Plateaus (1962)
En *Jorn Utzon obras y proyectos*. Jaime J. Ferrer
Editorial Gustavo Gili. Barcelona, 2006

VV. AA.
Rembrandt en la memoria de Goya y Picasso
Ed. Fundación Carlos de Amberes. Madrid, 1999

Vicens y Hualde, Ignacio
Dicho y hecho
Ed. Nobuko. Buenos Aires, 2012

Vignola, Jacopo
Manual de los Cinco Órdenes de Arquitectura (1562)
Colegio de Arquitectos de Madrid, 2011

Virgilio
La Eneida (s. I a.C.)
Ed. Gredos. Madrid, 2010

Vitrubio
Los diez libros de Arquitectura (s. I a.C.)
Editorial Iberia. Barcelona, 1986

Weston, Richard
Utzon: inspiration, vision, architecture
Ed. Bløndal. Hellerup (Dinamarca), 2008

Zambrano, María
Claros del Bosque
Ed. Seix Barral. Barcelona, 1993

Zubiri, Xavier
¿Qué es investigar?
Discurso Premio Nacional de Investigación (1982)
En *Escritos Menores 1953-1983*
Ed. Alianza. Madrid, 2007

Zweig, Stefan
El Misterio de la Creación Artística (1940)
Ed. Sequitur. Barcelona, 2008